4주간 합격 완성 JLPT 문제집

필승합격 일본어능력시험
문자·어휘·문법
500문

마쓰모토 노리코·사사키 히토코

N4-N5

머리말

일본어능력시험 (JLPT) 에서 고득점으로 합격하기 위해 일본어 학습자는 다양한 학습 방법과 참고서를 선택하고 있습니다.

이 책은 아래에 제시하는 편집 방침과 학습 방법 외에 가장 먼저 장점으로 들 수 있는 것은 핸디 사이즈로 제작하여 언제 어디서나 휴대하여 쉽게 문제 풀이 중심으로 학습할 수 있도록 하였다는 점입니다.

대부분의 책이 두껍게 편집되어 소지하고 다니기에 불편한 점을 감안하여 작고 가볍게 제작함으로써 소지하기 쉽도록 하는 데에 주안점을 두었습니다.

이 책의 특징은 다음과 같습니다.

◆ 이 책은 일본어능력시험 대비용으로 N4-N5, N3, N2. N1 의 4 권으로 구성하고 단계적으로 레벨에 맞게 공부할 수 있도록 시리즈 물로 편집하였습니다.
◆ 하루 20 분, 4 주 안에 각 레벨을 단기간에 자투리 시간에도 공부할 수 있게 하였습니다. 물론 집중적으로 공부하고자 하는 경우에는 그 분량을 배로 늘리면 2 주에도 정리, 완성할 수 있을 것입니다.
◆ 문자·어휘·문법 분야를 균형 있게 학습할 수 있도록 각 페이지를 구성하여 종합적인 연습문제 풀이가 한 페이지 씩 가능하도록 하였습니다.
◆ 이미 많은 학습을 진행한 경우에는 미숙한 부분만 집중적으로 공부하는 방법으로 이용할 수 있도록 하였습니다. 이미 아는 문제는 체크하면서 모르는 부분만 반복적으로 학습하면 됩니다.

일본어 학습은 "배우기 보다 익숙해져라"라는 말이 있듯이 많은 문제를 반복적으로 계속 풀어가면서 능력을 기르시기 바랍니다.

이 책은 일본에서 일본어 학습지 출판사로 널리 알려진 '아스크출판'에서 발행한 '신 일본어 500 문'을 한국어 판으로 새롭게 편집한 것입니다.

여러분의 JLPT 학습에 많은 도움이 되시기를 바랍니다.

2022 년 3 월 ㈜ 해외교육사업단

목차

머리말 ·· 3

이 책의 사용법 ······························ 5

제1주 ··· 9
제2주 ··· 77
제3주 ··· 145
제4주 ··· 213

《자료》

◆ 한자 목록 ································ 282

◆ 품사별 어휘 목록 ···················· 285

◆ 문형·문법 항목 목록 ·············· 289

이 책의 사용법

◆이 책은 문자, 어휘, 문법을 한 페이지씩 학습해 나가도록 편집되어 있습니다. 상단에는 문자, 가운데는 어휘, 하단에는 문법 문제가 있습니다.

◆종합적인 능력을 기르기 위해서는 문제 번호순으로 풀어 나가면 좋습니다. 하루에 5 페이지 15 문제 (3 문제 X 5 페이지) 씩 푸는 것으로 배정되어 있습니다. 1 일째부터 6 일째까지는 문자 30 문제, 어휘 30 문제, 문법 30 문제, 합계 90 문제를 풀게 됩니다. 7 일째에는 그동안 학습한 것을 복습하는 의미에서 각 페이지당 문자 2 문제, 어휘 2 문제, 문법 2 문제의 총 6 페이지로 구성되어 전체적으로는 문자 12 문제, 어휘 12 문제, 문법 11 문제, 합계 35 문제가 수록되어 있습니다. 한 주의 학습을 마치면 각 주의 첫 페이지에 있는 집계표에 정답 수를 기입하십시오. 집계표는 3 회분을 기입할 수 있도록 구성되어 있습니다. 반복하여 3 회를 푸신다면 대부분의 문제는 기억되고 이해될 것입니다. 각 페이지의 문제 우측 하단에 3 개의 □가 있으므로 3 회의 OX 를 표시하여 자신의 학습 이해도를 체크하고 정답 수를 카운트하여 집계표에 기입해 주십시오.

◆분야별로 집중해서 문제를 푸는 방법도 좋습니다. 예를 들면, 문제 번호순이 아니라 상단의 문자 문제만 먼저 풀고, 다음에는 가운데에 있는 어휘 문제만을 푸는 방식으로 공부할 수 있습니다. 물론 순서에 관계없이 하단의 문법 문제만을 먼저 풀어도 좋습니다.

자신의 약한 부분을 강화할 수 있도록 활용해 주십시오.

◆문제 페이지의 다음 페이지에서 정답을 확인하고 해설 부분을 읽음으로써 자신의 이해도를 심화하기 바랍니다. 한국어로 번역·해설하거나 일본어로 같은 의미의 표현을 제시·해설하는 경우도 있습니다.

◆후반부에 수록된 자료편의 활용도 빠트리지 마시기 바랍니다. 〈한자 목록〉에서는 이 책에 소개한 N4, N5 에 해당하는 모든 한자를 획수 별로 배열하였습니다. 이어서 〈품사별 어휘 목록〉에서는 N4, N5 에 해당하는 어휘를 품사별로 정리하였습니다. 또한 〈문형·문법 항목 목록〉에서는 N4, N5 레벨의 모든 것을 정리하여 JLPT N4, N5 시험에 대비한 총정리가 되도록 하였으므로 후반부의 자료편을 충분히 활용하시기 바랍니다.

◆ 정답과 해설은 문제의 다음 페이지에 있습니다.

왼쪽 페이지＝정답·해설

◆ 이것은 앞 페이지 문제에 대한 정답과 해설입니다.

◆ 첫째 줄에 정답과 문제의 완성문이 제시됩니다. 문제에 나오는 한자의 음독과 훈독 및 관련 단어를 제시합니다. 각각 어떻게 읽는지 확인하고 □ 속의 문자는 확실하게 눈에 익혀서 기억하시기 바랍니다.

◆ 첫째 줄에 정답과 문제의 완성문이 제시됩니다. 문제에 나오는 어휘에 대하여 각 표현법을 제시함으로써 관련 어휘도 익히도록 합니다.

◆ 첫째 줄에 정답과 문제의 완성문이 제시됩니다. 문제에 나오는 문법과 관련된 문법을 추가로 제시하고, 그에 해당하는 예문도 제시합니다.

정답

19 **4** 父は フランス語が <u>上手</u>です。
아버지는 프랑스어를 잘 합니다.

문자

父 フ：祖父 조부　ちち：父 아버지　＊お父さん 아버지
上 ジョウ：以上 이상
　うえ：上 위　うわ：上着 상의
　あ (-げる)：上げる 올리다 / 드리다
手 シュ：運転手 운전수
　て：手 손·お手洗い 화장실
　＊上手 잘함 ⇔ 下手 못함

20 **1** A「東京まで あと どのくらい かかりますか。」
　　 B「もうすぐ <u>着きます</u>よ。」
A「도쿄까지 앞으로 얼마나 걸립니까？」
B「조금 후 도착합니다.」

어휘

つく　〈場所〉に 着く〈장소〉에 도착하다
でる　〈場所〉を 出る〈장소〉를 나오다
うごく　◆ 電車が 動く 전철이 움직이다
かえる　◆ 家に 帰る 집에 돌아가다

21 **2** これは <u>日本語で どう</u> 言いますか。　OK 何と 言います か
이것은 일본어로 어떻게 말합니까？

문법

どう　어떻게
◆ 今日の テストは どうでしたか。 오늘 테스트는 어땠습니까？
どうやって　(＝どんな方法で)
◆ ここまで どうやって 来ましたか。
여기까지 어떻게 오셨습니까？
なぜ　(＝どうして)

日本語で 言いますか。
言わない！

오른쪽 페이지=문제

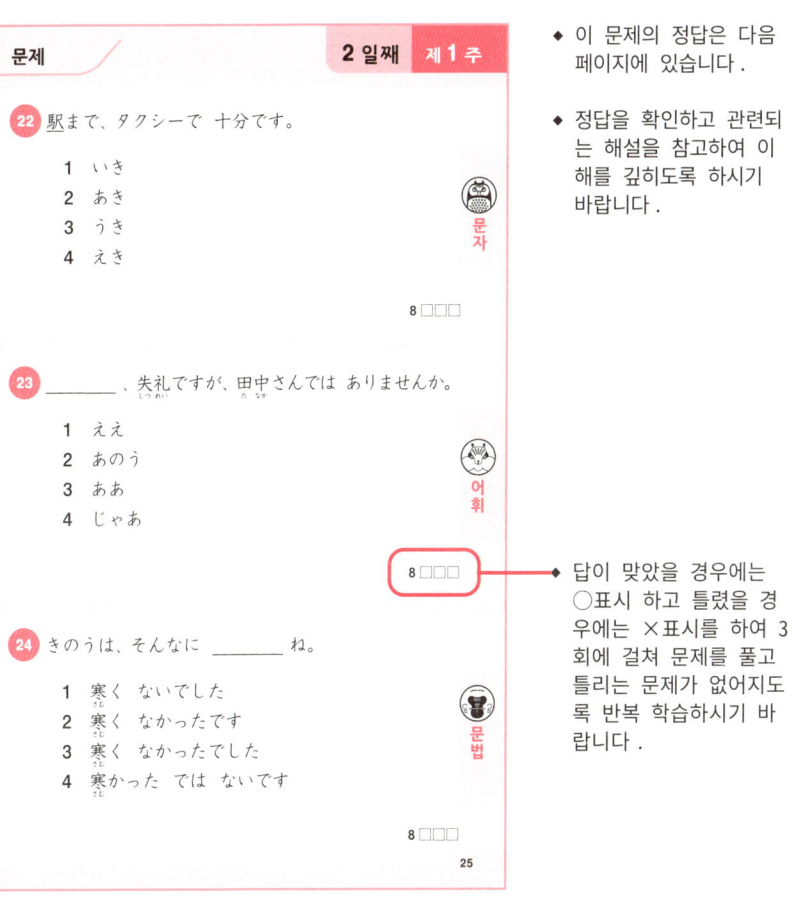

7 일째

◆ 7 일째는 1~6일째의 복습입니다.

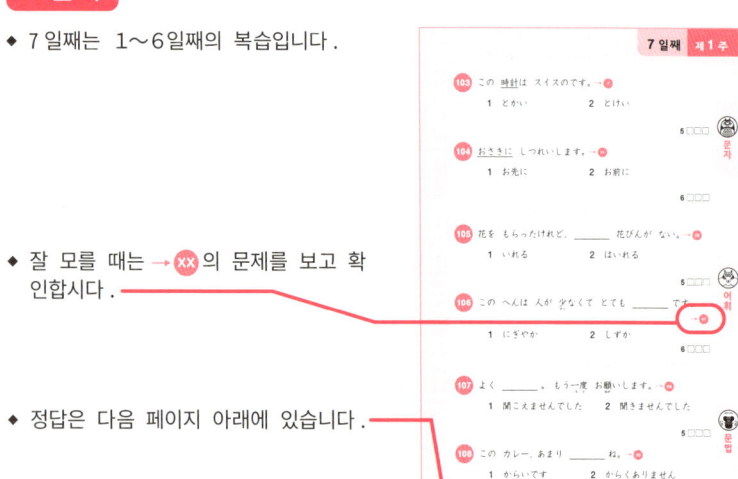

◆ 잘 모를 때는 →❌❌ 의 문제를 보고 확인합시다.

◆ 정답은 다음 페이지 아래에 있습니다.

기호에 대하여

OK 정답이 될 만한 다른 표현을 소개하고 있습니다.

⇔ 반대어를 소개합니다.

= 거의 같은 의미의 표현을 소개하고 있습니다.

＊ 주의점과 설명 등을 소개하고 있습니다.

흔히 범할 수 있는 오류를 보여주고 있습니다.
사용하지 않도록 주의하십시오.

제1주

	1 ~ 6일째	7일째 (복습)
1회차	/30 문제	/12 문제
2회차	/30 문제	/12 문제
3회차	/30 문제	/12 문제

 문자

- 6일째까지 마친 후 정답 수를 세어 기록합시다.
- 정답 수가 적은 분야가 있으면 다시 한 번 푼 후에 7일째로 나아갑시다.
- 7일째는 복습입니다. 다 마친 후 정답 수를 적고, 학습 효과를 확인합시다.

	1 ~ 6일째	7일째 (복습)
1회차	/30 문제	/12 문제
2회차	/30 문제	/12 문제
3회차	/30 문제	/12 문제

 어휘

	1 ~ 6일째	7일째 (복습)
1회차	/30 문제	/11 문제
2회차	/30 문제	/11 문제
3회차	/30 문제	/11 문제

 문법

_____ のことばに対し、ひらがなは漢字に、漢字はひらがなに直して、正しいものを選択肢から選びなさい。

_____ 의 단어에 대해 히라가나는 한자로, 한자는 히라가나로 고치고 바른 것을 선택지에서 고르시오.

_____ のところに何を入れますか。いちばんいいものを選択肢から一つ選びなさい。

_____ 에 무엇을 넣으면 좋은지 가장 적당한 것을 선택지에서 하나 고르시오.

_____ のところに何を入れますか。いちばんいいものを選択肢から一つ選びなさい。

_____ 에 무엇을 넣으면 좋은지 가장 적당한 것을 선택지에서 하나 고르시오.

문제

1일째 | **제1주**

1 この 町の <u>人口</u>は どのぐらいですか。

    1 にんこう
    2 ひとくち
    3 じんこう
    4 いりぐち

문자

1 □□□

2 暑いですね。エアコンを _____。

    1 つけましょう
    2 あけましょう
    3 おしましょう
    4 ひらきましょう

어휘

1 □□□

3 黒い ペン _____ 書いて ください。

    1 を
    2 に
    3 が
    4 で

문법

1 □□□

정답

1　**3** この 町の 人口は どのぐらいですか。
　　이 마을의 인구는 얼마나 됩니까?

문자

町	**チョウ**：～町 ～마을(동)　　**まち**：町 마을(동)
人	**ジン**：日本人 일본인
	ニン：～人 ～명・人形 인형
	ひと：男の人 남자
	＊大人 어른　＊一人 1인・二人 2인
口	**コウ**：人口 인구　　**くち**：口 입・入り口 입구 ⇔ 出口 출구

2　**1** 暑いですね。 エアコンを **つけましょう**。
　　덥군요. 에어컨을 켭시다.

어휘

つける	**つける** 켜다 ⇔ 消す 끄다
あける	**開ける** 열다 ⇔ 閉める 닫다
おす	**押す** 누르다 ⇔ 引く 당기다
ひらく	**開く** 열다 ⇔ 閉じる 닫다

3　**4** 黒い ペンで 書いて ください。
　　검은 펜으로 써주십시오.

문법

Nで　＊N＝도구・방법

◆ 電車で 会社に 行きます。 전철로 회사에 갑니다.
◆ これは 日本語で 何ですか。 이것은 일본어로 무엇입니까?

문제

1일째 제1주

4 あの 人は <u>かいしゃいん</u>です。

1 会社人
2 会社員
3 社会人
4 社会員

문자

2 □□□

5 ああ、のどが ＿＿＿＿＿。つめたい 水が 飲みたい。

1 いたかった
2 かわいた
3 すいた
4 ぬれた

어휘

2 □□□

6 田中さんは イギリス人 ＿＿＿＿＿ 結婚しました。

1 と
2 に
3 を
4 へ

문법

2 □□□

정답

4 **2** あの 人は **会社員**です。
저 사람은 회사원입니다.

문자

| 会 | カイ：会社 회사・会話 회화
   あ (-う)：会う 만나다
| 社 | シャ：社長 사장・社員 사원
   社会人 사회인
| 員 | イン：会社員 회사원・店員 점원

5 **2** ああ、のどが **かわいた**。 冷たい 水が 飲みたい。
아, 목이 마르다. 찬 물을 마시고 싶다.

어휘

| かわく | ◆ のどが **かわく** 목이 마르다
| すく | ◆ おなかが **すく** 배가 고프다
| ぬれる | ◆ 服が **ぬれる** 옷이 젖다

6 **1** 田中さんは イギリス人**と** 結婚しました。
다나카 씨는 영국인과 결혼하였습니다.

문법

| Nと | ＊상대를 나타낸다

◆ 弟**と** けんかした。 남동생과 싸웠다.

| Nと（いっしょに） | N 과 함께

◆ 友だち**と** 映画に 行った。
친구와 함께 영화보러 갔다.

문제　　　　　　　　　　　　　　　　　　1일째　제1주

7 今、四時です。

　　1　よじ
　　2　しじ
　　3　ようじ
　　4　よんじ

문자

3 □□□

8 すみません、お手洗いを ＿＿＿＿＿ ください。

　　1　かけて
　　2　かりて
　　3　かえして
　　4　かして

어휘

3 □□□

9 この 道 ＿＿＿＿＿ まっすぐ 行って ください。

　　1　に
　　2　を
　　3　で
　　4　が

문법

3 □□□

정답

7 **1** 今、<u>四時</u>です。

지금, 4시입니다.

문자

今 コン：今月 이번 달　いま：今 지금
*今日 오늘・今年 금년・今朝 오늘 아침

四 シ：四月 4월
よ：四時 4시　よん：四十分 40분　よっ(-つ)：四つ 4개

時 ジ：九時 9시・四時間 4시간
とき：子供の時 어릴 때
*時計 시계

8 **4** すみません、お手洗いを<u>貸して</u>ください。

미안합니다. 화장실을 사용하게 해 주십시오.

어휘

かす　貸す 빌려주다 ⇔ 借りる 빌리다
*「お手洗い」와「電話」등의 경우,「使いたい」라는 의미로
「貸してください」라고 한다.

9 **2** この 道<u>を</u> まっすぐ 行って ください。

이 길을 똑바로 가 주십시오.

문법

Nを　*N=장소

◆ 7時に 家<u>を</u> 出ました。 7시에 집을 나왔습니다.
◆ 毎日 公園<u>を</u> 散歩します。 매일 공원을 산책합니다.

この 道に 行って ください。

言わない！

문제

10 <u>ことし</u> 日本へ 来ました。

1 来年
2 去年
3 本年
4 今年

4 □□□

11 あの 先生の 授業は _____。

1 つまる
2 つまらない
3 つもる
4 つもらない

4 □□□

12 先月 日本に 来ました。来月の 10日 _____ います。

1 まで
2 から
3 か
4 でも

4 □□□

정답

10 **4** <u>今年</u> 日本へ 来ました。
　　올해 일본에 왔습니다.

年	ネン：1年 1년・来年 내년
	とし：今年 금년
本	ホン：本 책・1本, 2本, 3本…1개, 2개, 3개・本当 정말
	もと：山本さん 야마모토 씨
来	ライ：来月 다음 달・来週 다음 주
	く (-る)：来る 오다　*来ない 오지않다・来た 왔다

문자

11 **2** あの 先生の 授業は **つまらない**。
　　저 선생님의 수업은 재미없다.

| つまらない | 재미없다 ⇔ 面白い 재미있다 |
| つもる | 쌓이다　◆雪が 積もる 눈이 쌓이다 |

어휘

12 **1** 先月 日本に 来ました。 来月の 10日**まで** います。
　　지난 달 일본에 왔습니다. 다음 달 10일까지 있습니다.

| N₁から N₂まで | N1 부터 N2 까지 |

＊N₁, N₂＝시간・장소

◆ <u>15日から 20日まで</u> 東京 に います。
　15일부터 20일까지 도쿄에 있습니다.

◆ <u>東京から 横浜まで</u> どのくらい かかりますか。
　도쿄에서 요코하마까지 얼마나 걸립니까?

문법

문제

1일째 제1주

13 <u>今日</u>は 日曜日で、休みです。

1 きょう
2 きゅう
3 ほんじつ
4 こにち

5 □□□

14 これは、＿＿＿＿ 食べられない。

1 まずくて
2 おいしくて
3 やすくて
4 きらくて

5 □□□

15 では、土曜日 ＿＿＿＿ 日曜日に もう 一度 電話します。

1 に
2 も
3 や
4 か

5 □□□

정답

13 **1** 今日は 日曜日で、休みです。

오늘은 일요일이며 휴일입니다.

| 日 | **ニチ**：毎日 매일
| | **ひ**：休みの日 휴일・誕生日 생일
| | **か**：五月五日 5월 5일
| | ＊昨日 어제・明日 내일・一月一日 1월 1일
| | 日本 일본
| 曜 | **ヨウ**：日 일／月 월／火 화／水 수／木 목／金 금／土曜日 토요일
| 休 | **やす**(-む)：休み 휴식・休む 쉬다・昼休み 점심 휴식

14 **1** これは、**まずくて** 食べられない。

이것은 맛이 없어서 먹을 수 없다.

| **まずい** | 맛없다 ⇔ おいしい 맛있다
| **やすい** | **安い** 싸다 ⇔ 高い 비싸다
| **きらいな** | 싫어하는 ⇔ 好きな 좋아하는

15 **4** では、土曜日**か** 日曜日に もう 一度 電話します。

그러면 토요일이나 일요일에 다시 한 번 전화하겠습니다.

~か (~か)　~ 이나

◆ **コーヒーか** 紅茶は いかがですか。

커피나 홍차는 어떠세요?

◆ 明日 テストが **あるか ないか** 分かりません。

내일 테스트가 있는지 없는지 모르겠습니다.

문제

16 これから 日本語を <u>勉強</u>します。

1 ばんきゅう
2 べんきょう
3 べんきゅう
4 ばんきょう

17 今日が ＿＿＿＿ で、明日が 三日です。

1 はつか
2 ふつか
3 よっか
4 はたち

18 ＿＿＿＿ フランス語が できる 人は いませんか。

1 だれが
2 だれか
3 だれでも
4 だれも

정답

16　**2**　これから 日本語を 勉強します。
지금부터 일본어를 공부합니다.

語	ゴ：日本語 일본어・ベトナム語 베트남어
勉	ベン：勉強する 공부하다
強	キョウ：勉強する 공부하다

つよ (-い)：強い 강하다 ⇔ 弱い 약하다

17　**2**　今日が 二日で、明日が 三日です。
오늘은 2일이며 내일이 3일입니다.

《날짜를 표현하는 법》

◆ 1日　2日　3日　4日　5日　6日　7日　8日　9日　10日
　ついたち　ふつか　みっか　よっか　いつか　むいか　なのか　ようか　ここのか　とおか
　11日…14日…19日　20日…24日…29日
　じゅういちにち　じゅうよっか　じゅうくにち　はつか　にじゅうよっか　にじゅうくにち

| はたち | 二十歳 20세 |

18　**2**　だれか フランス語が できる 人は いませんか。
누군가 프랑스어를 할 수 있는 사람은 없습니까?

| だれか | 누군가 |
| だれでも | 누구라도 |

◆ **だれでも できる** 問題 누구라도 할 수 있는 문제

| だれも～ない | 아무도 ~ 없다 |

◆ **だれも できない** 問題 아무도 할 수 없는 문제

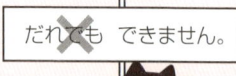

だれでも できません。

言わない!

문제

2 일째 **제1주**

19 父は フランス語が <u>じょうず</u>です。

1 下手
2 手上
3 手下
4 上手

문자

7 □□□

20 A「東京まで あと どのくらい かかりますか。」
B「もうすぐ _____ よ。」

1 つきます
2 でます
3 うごきます
4 かえります

어휘

7 □□□

21 これは 日本語で _____ 言いますか。

1 なに
2 どう
3 どうやって
4 なぜ

문법

7 □□□

정답

19 **4** 父は フランス語が <u>上手</u>です。
アバジは 프랑스어를 잘 합니다.

문자

| 父 | フ：祖父 조부 / 할아버지　**ちち**：父 아버지　＊お父さん 아버지 |

| 上 | ジョウ：以上 이상
うえ：上 위　うわ：上着 상의
あ(-げる)：上げる 올리다 / 드리다 |

| 手 | シュ：運転手 운전수
て：手 손・お手洗い 화장실 |

＊上手 잘함 ⇔ 下手 못함

---

20 **1** A「東京まで あと どのくらい かかりますか。」
B「もうすぐ <u>着きます</u>よ。」

A「도쿄까지 앞으로 얼마나 걸립니까?」
B「조금 후 도착합니다.」

어휘

つく	〈場所〉に 着く (장소)에 도착하다
でる	〈場所〉を 出る (장소)를 나오다
うごく	◆ 電車が 動く 전철이 움직이다
かえる	◆ 家に 帰る 집에 돌아가다

---

21 **2** これは 日本語で <u>どう</u> 言いますか。　**OK** 何と 言いますか

이것은 일본어로 어떻게 말합니까?

문법

| どう | 어떻게 |

◆ 今日の テストは **どう**でしたか。 오늘 테스트는 어떠했습니까?

| どうやって | （＝どんな方法で） |

◆ ここまで **どうやって** 来ましたか。
여기까지 어떻게 오셨습니까?

| なぜ | （＝どうして） |

문제

2 일째 **제 1 주**

22 <u>駅</u>まで、タクシーで 十分です。

1 いき
2 あき
3 うき
4 えき

문자

8 □□□

23 ＿＿＿＿＿＿、失礼ですが、田中さんでは ありませんか。

1 ええ
2 あのう
3 ああ
4 じゃあ

어휘

8 □□□

24 きのうは、そんなに ＿＿＿＿＿＿ ね。

1 寒く ないでした
2 寒く なかったです
3 寒く なかったでした
4 寒かった では ないです

문법

8 □□□

정답

22 **4 駅まで、タクシーで 十分です。**
역까지 택시로 10 분입니다.

|駅| **エキ**：駅 역
|十| **ジュウ**：十時十分 10 시 10 분・十分な 충분한
　　とお：十日 10 일
|分| **フン**：十五分 15 분・三十分 30 분
　　ブン：気分 기분
　　わ (-かる/-ける)：分かる 알다 / 이해하다・分ける 나누다

23 **2 あのう、失礼ですが、田中さんでは ありませんか。**
저, 실례입니다만, 다나카 씨가 아니십니까?

|あの(う)| ＊타인에게 말을 걸 때에 사용
|ああ| ◆ **ああ**、びっくりした。 아, 깜짝 놀랐다.
　　　 ◆ **ああ**、よかった。 아, 잘 됐다.

24 **2 昨日は、そんなに 寒くなかったですね。**
어제는 그다지 춥지 않았어요.

《寒い》 ＊イ형용사의 활용
寒い (です) 춥 (습니다) → **寒かった (です)** 추웠 (습니다)
寒く ありません 춥지 않습니다 → **寒く ありませんでした** 춥지 않았습니다
寒くない (です) 춥지 않 (습니다) → **寒くなかった (です)**
　　　　　　　　　　　　　　　　　춥지 않았 (습니다)

25 けさは 七時に 起きて ジョギングしました。

1 本朝
2 分朝
3 会朝
4 今朝

26 チャンネルを かえるから、テレビの ＿＿＿＿＿ を 取って ください。

1 リモコン
2 パソコン
3 エアコン
4 コンピューター

27 私は テニスが 好きですが、上手 ＿＿＿＿＿ 。

1 ありません
2 ないです
3 なりません
4 じゃ ありません

정답

25 **4** 今朝は 七時に 起きて ジョギングしました。

오늘 아침에는 7 시에 일어나서 조깅을 했습니다.

|朝| チョウ: 朝食 조식
  あさ: 毎朝 매일 아침・朝ご飯 (= 朝食) 아침 밥 (= 조식)
  *今朝 오늘 아침

|七| シチ: 七時 7 시
  なな: 七階 7 층   なな(-つ): 七つ 7 개   なの: 七日 7 일

|起| お(-きる/-こす): 起きる 일어나다・起こす 일으키다

26 **1** チャンネルを 替えるから、テレビの **リモコン**を 取って ください。

채널을 바꿀테니 TV 의 리모콘을 집어 주십시오.

|リモコン| 리모콘
|パソコン| PC / 퍼스널컴퓨터
|エアコン| 에어컨

27 **4** 私は テニスが 好きですが、**上手じゃありません**。

나는 테니스를 좋아합니다만 잘 하지 못합니다.

《上手な》　*ナ형용사의 활용

上手だ 잘 한다 → **上手だった** 잘 했었다

上手です 잘 합니다 → **上手でした** 잘 하였습니다

上手じゃない 잘 하지 못한다 → **上手じゃなかった** 잘 하지 못했다

上手じゃ ありません 잘 하지 못합니다 → **上手じゃ ありませんでした**
　　　　　　　　　　　　　　　　　　잘 하지 못하였습니다

문제

28 休みの 日は <u>母</u>に 電話を します。

1 はは
2 ちち
3 まま
4 かか

10 □□□

29 A「ただいま。」
B「_____。」

1 いってきます
2 いただきます
3 いらっしゃいませ
4 おかえりなさい

10 □□□

30 田中さんは _____ やさしい 人です。

1 きれいで
2 きれくて
3 きれいと
4 きれい

10 □□□

정답

28 **1** 休みの日は **母**に 電話を します。

휴일에는 어머니에게 전화를 합니다.

母	ボ：祖母 조모 / 할머니
	はは：母 어머니　＊お母さん 어머님
電	デン：電話 전화・電車 전철・電気 전기
話	ワ：会話 회화・世話 신세 / 보살핌 / 도와줌
	はな(-す)：話す 말하다
	はなし：話 말

29 **4** A「ただいま。」 B「**おかえりなさい。**」

A「지금 돌아왔습니다.」 B「어서 돌아오세요.」

**ただいま
― おかえりなさい**

지금 돌아왔습니다 - 어서 돌아오세요

**いってきます
― いってらっしゃい**

다녀오겠습니다 - 잘 다녀오세요

30 **1** 田中さんは **きれいで** 優しい 人 です。

다나카 씨는 아름답고 자상한 분입니다.

Na で N 하고 ＊「きれい」는 ナ형용사

きれい ＋ 優しい → **きれいで** 優しい 아름답고 자상하다

A くて A 하고 ＊ A ~~い~~ くて

おいしい ＋ 安い → **おいしくて** 安い 맛있고 싸다

문제

31 先生が 学生に 話を します。

1 がせい
2 がくせい
3 がくせん
4 がっせい

문자

11 □□□

32 いい 天気だから、どこかへ _____ か。

1 でかけません
2 でません
3 あそびません
4 きません

어휘

11 □□□

33 A「あなたの コーヒーカップは どれですか。」
B「いちばん _____ です。」

1 大きかった
2 大きもの
3 大きいの
4 大きい

문법

11 □□□

정답

31 **2** 先生が 学生に 話を します。
선생님이 학생에게 말을 합니다.

先	セン：先生 선생・先月 지난 달・先週 지난 주
	さき：先に 먼저
生	セイ：学生 학생・生徒 학생/생도
	ショウ：誕生日 생일・一生懸命 열심히
	い(-きる)：生きる 살다
	う(-まれる)：生まれる 태어나다
学	ガク：大学 대학・学部 학부・科学 학과

32 **1** いい 天気 だから、どこかへ 出かけませんか。

OK 遊びに 行きませんか。

좋은 날씨이니 어딘가에 외출하지 않겠습니까?

| でかける | 出かける 외출하다 |
| でる | 〈場所〉を出る 〈장소〉를 나가다/나오다 |

◆ 毎朝 8時 に 家を 出ます。
매일 아침 8시에 집을 나갑니다/나옵니다.

33 **3** A「あなたの コーヒーカップは どれですか。」
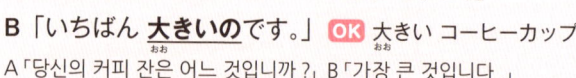
B「いちばん 大きいのです。」 OK 大きい コーヒーカップ

A「당신의 커피 잔은 어느 것입니까?」 B「가장 큰 것입니다.」

| ~の | ~의 / ~것 |

A「これは あなたの 傘ですか。」

A「이것은 당신의 우산입니까?」

B「いいえ、田中さんのです。 私のは 赤いのです。」

B「아니오, 다나카 씨의 것입니다. 내 것은 빨간 것입니다.」

문제

34 <u>ほんや</u>は 駅の 前に あります。

1 書店
2 書屋
3 本店
4 本屋

문자

12 □□□

35 毎朝、6時に _____ 仕事に 行きます。

1 おいて
2 おきて
3 おこして
4 おして

어휘

12 □□□

36 あの _____ 人は だれですか。

1 かみは 長いの
2 かみは 長い
3 かみの 長いの
4 かみの 長い

문법

12 □□□

정답

34 **4** 本屋は 駅の 前に あります。
책방은 역 앞에 있습니다.

*書店(＝本屋) 서점(＝책방)　*本店 본점 ⇔ 支店 지점

| 屋 | オク：屋上 옥상
|　 | や：本屋 책방・花屋 꽃집
|　 |　　床屋 이발관・部屋 방
| 前 | ゼン：午前 오전
|　 | まえ：前 앞・名前 이름

35 **2** 毎朝、6時に 起きて 仕事に 行きます。
매일 아침 6시에 일어나서 일하러 갑니다.

| おきる | ～が 起きる ~가 일어나다
| おこす | ～を 起こす ~를 일으키다 / 깨우다

◆ 明日 6時に 起こして ください。
　내일 6시에 깨워 주십시오.

36 **4** あの 髪の 長い 人は だれですか。

OK 髪が 長い 人 머리가 긴 사람／長い 髪の 人 긴 머리의 사람
저 머리가 긴 사람은 누구입니까?

| N₁の～N₂ |　*연체수식절

◆ ピアノの 上手な 人を 探して います。
　피아노를 잘 치는 사람을 찾고 있습니다.

◆ あの 背の 高い 男の人が 田中さんです。
　저 키가 큰 남자가 다나카 씨입니다.

문제

37 田中さんは 明るい 人です。

1 あかるい
2 あきるい
3 あくるい
4 あけるい

13 □□□

38 この 紙は ＿＿＿＿＿＿ ですが、とても じょうぶです。

1 うすい
2 あつい
3 こい
4 すずしい

13 □□□

39 私は あの 人を ＿＿＿＿＿＿。

1 しません
2 して いません
3 しりません
4 しって いません

13 □□□

정답

37 **1** 田中さんは **明るい** 人です。

다나카 씨는 밝은 사람입니다.

田	た：田中さん 다나카 씨・山田さん 야마다 씨
中	チュウ：中学校 중학교
	電話中 전화중 ＊一日中 하루 종일
	なか：中 속・真ん中 가장 중심
明	メイ：説明 설명　あか(-るい)：明るい 밝다
	あ(-ける)：明けましておめでとうございます

　　　　　　　　　새해 복 많이 받으세요

＊明日 내일

38 **1** この 紙は **薄い**ですが、とても 丈夫です。

이 종이는 얇습니다만 매우 질깁니다.

うすい	◆ 薄い 紙 얇은 종이 ⇔ 厚い 紙 두꺼운 종이
	◆ 薄い コーヒー 순한 커피
あつい	◆ 厚い 두텁다　＊暑い 덥다 ⇔ 寒い 춥다
こい	◆ 濃い 色 진한 색
	◆ 濃い コーヒー 진한 커피

39 **3** 私は あの 人を **知りません**。

저는 저 사람을 모릅니다.

| しっている |

～を **知って います** ～를 알고 있습니다

～を **知りません** ～를 모릅니다

知ります ✕
知って いません ✕
言わない！

문제

40 明日の ごごは 雨でしょう。

1　牛後
2　午後
3　牛前
4　午前

41 赤ちゃんの 泣き声が ＿＿＿＿＿＿、ねられなかった。

1　げんきで
2　うるさくて
3　にぎやかで
4　いそがしくて

42 近くの スーパーは 夜10時まで ＿＿＿＿＿＿。

1　あいて います
2　あけて います
3　あきます
4　あけます

정답

40 **2** 明日の **午後**は 雨でしょう。

내일 오후는 비가 올 것입니다.

午	ゴ : 午前 오전
後	ゴ : 午後 오후
	あと : 後 뒤 / 다음 / 후
	うし (-ろ) : 後ろ 뒤쪽
雨	あめ : 雨 비 あま : 雨戸 빈지문 / 덧문

41 **2** 赤ちゃんの 泣き声が **うるさくて**、寝られなかった。

아기의 울음소리가 시끄러워서 잠들 수 없었다.

| **うるさい** | 시끄럽다 ⇔ 静かな 조용한 |
| **にぎやかな** | 번잡한 ⇔ 静かな 조용한 |

- **にぎやかな** 通り 번화한 거리
- **にぎやかな** クラス 떠들석한 클래스

42 **1** 近くの スーパーは 夜 10 時まで **開いて います**。

근처의 슈퍼마켓은 밤 10시까지 열려 있습니다.

V ています　**V ます**

- その スーパーは 朝 10 時に 開きます。

  그 슈퍼마켓은 아침 10시에 엽니다.

- 午後 9 時に 閉まります。 오후 9시에 닫습니다.

- 今、午後 9 時半だから、もう 閉まって います。

  지금 오후 9시 반이므로 이미 닫혀 있습니다.

문제

43 ガソリンが 高くても <u>車</u>に のります。

1 しゃ
2 ちゃ
3 かるま
4 くるま

문자

44 明日は 雪が ＿＿＿＿＿＿ そうですよ。

1 おりる
2 ふる
3 おちる
4 とまる

어휘

45 A「すてきな シャツですね。」
　　B「ありがとうございます。兄に ＿＿＿＿＿＿。」

1 もらったんです
2 あげたんです
3 くれたんです
4 やったんです

문법

정답

43 **4** ガソリンが 高くても 車に 乗ります。
휘발유가 비싸도 자동차를 탑니다.

高	コウ : 高校 고교
	たか (-い) : 高い 비싸다
車	シャ : 自動車 자동차・自転車 자전거
	くるま : 車 차

44 **2** 明日は 雪が **降る**そうですよ。
내일은 눈이 온다고 합니다.

| ふる | ◆ 雨が 降る 비가 오다 ⇔ やむ 그치다 |
| おちる | 떨어지다 |

◆ 道に 財布が 落ちて います。
길에 지갑이 떨어져 있습니다.

45 **1** A「すてきな シャツですね。」
B「ありがとうございます。 兄に **もらったんです。**」

A「멋진 셔츠네요.」 B「감사합니다. 형에게 받았습니다.」

もらう	~に／から もらう ~에게／으로부터 받다
あげる	~に あげる ~에게 드리다 (주다)
くれる	~が (私に) くれる ~가 (나에게) 주다

경어	あげます → さしあげます 드립니다
	もらいます → いただきます 받겠습니다
	くれます → くださいます 주십니다

문제

46 <u>先月</u>、花見を しました。

1 せんげつ
2 せんがつ
3 さんがつ
4 さんげつ

47 この へやは、だんぼうが 入(はい)って いて ＿＿＿＿ です。

1 さむい
2 つめたい
3 あたたかい
4 すずしい

48 私(わたし)は、先月(せんげつ)から 子どもに 英語(えいご)を ＿＿＿＿。

1 教(おし)えます
2 教(おし)えました
3 教(おし)えたんです
4 教(おし)えています

정답

46 **1 先月、花見を しました。**
지난 달 꽃구경을 하였습니다.

문자

月	ガツ：正月 정월・九月 9월
	ゲツ：月曜日 월요일・先月 지난 달・一か月 1개월
	つき：月 달・一月（＝一か月）한 달
花	カ：花びん 꽃병
	はな：花 꽃・花見 꽃구경・花火 불꽃놀이
見	ケン：意見 의견
	み（-る／-える／-せる）：見る 보다
	見える 보이다・見せる 보여주다

47 **3 この 部屋は、暖房が 入って いて 暖かいです。**
이 방은 난방이 되어서 따뜻합니다.

어휘

あたたかい	暖かい 따뜻하다
つめたい	冷たい 차다 ⇔ 熱い 뜨겁다
すずしい	涼しい 시원하다

＊음식물에 「涼しい」는 사용하지 않는다

48 **4 私は、先月から 子供に 英語を 教えて います。**
저는 지난 달부터 어린이에게 영어를 가르치고 있습니다.

문법

V ている

◆ 父は、今 お風呂に 入って います。아버지는 지금 목욕을 하고 있습니다.

◆ 私は 毎日 牛乳を 飲んで います。저는 매일 우유를 마십니다.

◆ 私の 父は 工場で 働いて います。저의 아버지는 공장에서 일하고 있습니다.

문제

49 一か月に <u>いっかい</u>、友だちと 会います。

1 一度
2 一回
3 一会
4 一目

50 ここから 駅(えき)まで どのくらい 時間(じかん)が ＿＿＿＿ か。

1 かけます
2 かかります
3 あります
4 すぎます

51 田中(たなか)さん、今日(きょう)も ＿＿＿＿ ね。まだ 病気(びょうき)かな。

1 こない
2 きない
3 くない
4 いかない

정답

49 **2** 一か月に **一回**、友だちと 会います。
한 달에 한 번 친구를 만납니다.

| 一 | イチ：一度 한 번
| | ひと：一月 1 개월
| | ひと (-つ)：一つ 한 개 *一日 1일・一人 1인
| 回 | カイ：1回、2回、3回…何回 1회, 2회, 3회…. 몇회
| | まわ (-る)：回る 돌다
| 友 | とも：友だち 친구

50 **2** ここから 駅まで どのくらい 時間が **かかりますか**。
여기서부터 역까지 얼마나 시간이 걸립니까?

| かかる | 〈時間が〉 かかる 〈시간이〉 걸리다
| | 〈お金が〉 かかる 〈돈이〉 들다
| すぎる | 지나다

◆ 春が 過ぎて もうすぐ 夏が 来ます。
봄이 지나고 머지않아 여름이 옵니다.

51 **1** 田中さん、今日も **来ない**ね。まだ 病気かな。
다나카 씨 오늘도 안오네요. 아직도 아프신가?

《来る》오다

来る → **来ない**　　　来ます　→ **来ません**
来た → **来なかった**　来ました → **来ませんでした**

《する》하다

する → **しない**　　　します　→ **しません**
した → **しなかった**　しました → **しませんでした**

44

문제

52 電車で <u>新聞</u>を 読みます。

1 しんぶん
2 しんむん
3 しんもん
4 しんぼん

18 □□□

53 ＿＿＿＿＿が ないから、洗えないよ。

1 せんざい
2 せんたく
3 クリーニング
4 そうじ

18 □□□

54 田中さん、今度 いっしょに 映画に ＿＿＿＿＿か。

1 行くでしょう
2 行きません
3 行ってです
4 行ってません

18 □□□

정답

52 **1** 電車で **新聞**を 読みます。
でんしゃ しんぶん よ
전철에서 신문을 읽습니다.

| 新 | シン：新聞 신문
しんぶん
あたら (-しい)：新しい 새로운
あたら |
| 聞 | ブン：新聞社 신문사
しんぶんしゃ
き (-く/-こえる)：聞く 듣다・聞こえる 들리다
き き |
| 読 | **よ** (-む)：読む 읽다
よ |

53 **1** **洗剤**が ないから、洗えないよ。
せんざい あら
세제가 없어서 빨 수 없어요.

| せんざい | 洗剤 세제
せんざい |
| せんたく | 洗濯をする 세탁을 하다
せんたく |
| クリーニング | クリーニング屋 (さん) 세탁소
や |

54 **2** 田中さん、今度 一緒に 映画に **行きませんか**。
たなか こんど いっしょ えいが い
다나카 씨, 요 다음에 같이 영화보러 가지 않을래요?

| Vませんか | Vない？ | V 않을래요 ? / V 않을래 ? *권유를 나타낸다 |

◆ お茶を **飲みませんか**。 차를 마시지 않겠습니까 ?
ちゃ の

◆ 一緒に **行かない**？ 같이 가지 않을래 ?
いっしょ い

46

문제

55 五時に 学校から <u>かえりました</u>。

1　借りました
2　入りました
3　通りました
4　帰りました

56 あ、この 車、ガソリンが ほとんど ＿＿＿＿＿
いないよ。

1　かって
2　はいって
3　いれて
4　なくなって

57 A「まどを ＿＿＿＿＿ 。」
　　B「はい、おねがいします。」

1　開けましょうか
2　開けても いいですか
3　開けなさい
4　開けて くれませんか

정답

55 **4** 五時に 学校から 帰りました。
5시에 학교에서 돌아왔습니다.

- 五 ゴ : 五月 5월
  いつ : 五日 5일   いつ (-つ) : 五つ 5개
- 校 コウ : 学校 학교 · 校長 교장
- 帰 かえ (-る) : 帰る 돌아 (가) 오다

56 **2** あ、この 車、ガソリンが ほとんど 入って いないよ。
아, 이 차, 휘발유가 거의 들어있지 않아요.

- はいる   들어 가다 / 들어 있다
  ◆ この コーヒーには 砂糖が 入って いる。
    이 커피에는 설탕이 들어 있다.
- いれる   ◆ 砂糖を 入れる 설탕을 넣다

57 **1** A「窓を 開けましょうか。」
　　 B「はい、お願いします。」

A「창을 열까요?」
B「네, 부탁합니다.」

- Vましょうか   V 할까요?
- Vましょう   V 합시다

◆ 窓を 開けましょう。 창을 엽시다.

문제

58 あの 子は 私の 妹です。

1 いもと
2 いもうと
3 おとと
4 おとうと

59 明日は テストが あるから、学校へ 行くのが

＿＿＿＿ です。

1 いや
2 ひどい
3 むり
4 ばか

60 のどが かわいたね。何か ＿＿＿＿ よ。

1 飲んだ
2 飲もう
3 飲みなさい
4 飲んでない

정답

58 **2** あの 子は 私の <u>妹</u>です。

저 아이는 나의 여동생입니다.

문자

|子| **シ**：お菓子 과자
こ：子供 어린이・男の子 남자아이
|私| **わたくし**：私 나/저
わたし：私 나/저
|妹| **いもうと**：妹 여동생

59 **1** 明日は テストが あるから、学校へ 行くのが <u>いや</u>です。

내일은 테스트가 있어서 학교에 가기 싫습니다.

어휘

|いやな| 싫은
|むりな| 무리한

◆ この テストで 100点を 取るのは **無理**だ。
이 테스트에서 100점을 받기란 무리다.

60 **2** のどが かわいたね。何か <u>飲もう</u>よ。

목이 마르네. 무엇인가 마시자.

문법

|Vよう| V 하자 ＊의향형

食べる → **食べよう**　行く → **行こう**　来る → **来よう**　する → **しよう**

|Vなさい| V 하세요 ＊명령형

食べる → **食べなさい**　行く → **行きなさい**　来る → **来なさい**　する → **しなさい**
(기본 명령형　食べる → **食べろ**　行く → **行け**　来る → **来い**　する → **しろ**)

50

61 <u>英語</u>の 歌を 歌いましょう。

1　えご
2　えが
3　えいご
4　えいが

---

62 この ベッドは ＿＿＿＿＿、一人で 動かせない。

1　あつくて
2　おもくて
3　うすくて
4　かたくて

---

63 一年前は、ひらがなも ＿＿＿＿＿ が、今は 漢字も だいぶ 分かります。

1　読めませんでした
2　読みませんでした
3　読んで いませんでした
4　読まなかったです

정답

61 **3** <u>英語</u>の 歌を 歌いましょう。

영어 노래를 부릅시다.

英	エイ：英語 영어
歌	カ：歌手 가수
	うた：歌 노래
	うた(-う)：歌う 노래부르다

62 **2** この ベッドは <u>重くて</u>、一人で 動かせない。

이 침대는 무거워서 혼자서는 움직일 수 없다.

| おもい | 重い 무겁다 ⇔ 軽い 가볍다 |
| かたい | 固い 딱딱하다 ⇔ やわらかい 부드럽다 |

63 **1** 一年前は、ひらがなも <u>読めませんでした</u>が、今は 漢字も だいぶ 分かります。

1년 전에는 히라가나도 읽지 못했습니다만 지금은 한자도 많이 압니다.

| Vられる | V 되다 (= V ることが できる)(=V 할 수가 있다) |

*가능형

読む → 読める (= 読む ことが できる) 읽을 수 있다
食べる → 食べられる (= 食べる ことが できる) 먹을 수 있다
会う → 会える (= 会う ことが できる) 만날 수 있다

문제　　　　　　　　　　　　**5** 일째　**제 1 주**

64 大きいから 半分に <u>きって</u> ください。

1　聞って
2　来って
3　切って
4　着って

22 □□□

65 A「新しい 仕事は どうですか。」
B「うーん、あんまり ＿＿＿＿＿ …。」

1　いそがないんです
2　いそがしいんです
3　ゆっくりなんです
4　おもしろくないんです

22 □□□

66 もしもし、もしもし、よく ＿＿＿＿＿ んですが…。

1　聞こえない
2　聞いてない
3　聞けない
4　聞かない

22 □□□

정답

64 **3** 大きいから 半分に **切って** ください。

크니까 반으로 잘라 주십시오.

문자

大	ダイ：大学 대학　タイ：大変な 대단한
	おお (-きい)：大きい 크다
半	ハン：五時半 5시반・半分 반쪽
切	セツ：親切な 친절한
	大切な 중요한
	き (-る/-れる)：切る 자르다・切れる 잘리다
	切手 우표・切符 티켓

65 **4** A 「新しい 仕事は どうですか…。」
　　　B 「うーん、あんまり **おもしろくないんです**…。」

A 「새로운 일은 어떠십니까?」
B 「네, 그다지 재미있지 않습니다.」

어휘

おもしろい	面白い 재미있다 ⇔ つまらない 재미없다
いそぐ	急ぐ 서두르다
いそがしい	忙しい 바쁘다
ゆっくり	천천히

66 **1** もしもし、もしもし、よく **聞こえないんですが**…。

여보세요, 여보세요, 잘 들리지 않습니다만…

문법

きこえる 들리다

◆ この マンションは、隣の 家の 音が よく **聞こえる**。
이 맨션은 이웃집 소리가 잘 들린다.

◆ 私の 祖父は、耳が **聞こえない**。 나의 조부는 귀가 들리지 않는다.

きける 들을 수 있다

◆ この 携帯電話は ラジオも **聞けます**。 이 휴대전화는 라디오도 들을 수 있습니다.

문제

67 あの 女の人は <u>有名</u>な 歌手です。

1 ようめい
2 ゆうめい
3 ゆうみん
4 ようみん

68 荷物を たくさん 持って かさを ＿＿＿＿＿＿＿ のは たいへんだ。

1 あける
2 さす
3 つける
4 はく

69 A「田中さんも 中村さんも 来て いましたよ。」
　　B「私も みんなに ＿＿＿＿＿＿＿ です。」

1 会えなかった
2 会いたかった
3 会いたいでした
4 会いたくなった

정답

67 **2** あの 女の人は **有名**な 歌手です。
저 여자분은 유명한 가수입니다.

| 女 | ジョ：女性 여성
　　　彼女 그녀 / 여자친구
おんな：女 여자・女の子 여자아이 |
| 有 | ユウ：有名な 유명한 |
| 名 | メイ：有名な 유명한
な：名前 이름 |

68 **2** 荷物を たくさん 持って 傘を **差す**のは 大変だ。
짐을 잔뜩 들고 우산을 쓰는 것은 힘들다.

| さす | ◆ 傘を 差す 우산을 쓰다 |
| はく | (靴／靴下／スカートなどを) はく (구두 / 양말 / 스커트 등을) 신다 / 입다 |

69 **2** A「田中さんも 中村さんも 来て いましたよ。」
　　B「私も みんなに **会いたかった**です。」

A「다나카 씨도 나카무라 씨도 와 계셨습니다.」
B「저도 모두를 만나고 싶었습니다.」

| Vたい | V 싶다 ＊ V ~~ます~~たい |

食べる → 食べたい → 食べたかった
飲む　 → 飲みたい → 飲みたかった
行く　 → 行きたい → 行きたかった

会いたいでした ✗
言わない！

문제

70 兄は きょねん、大学に 入りました。

1 前年
2 今年
3 来年
4 去年

문자

71 熱が ＿＿＿＿ ましたか。

1 さがり
2 さげ
3 おり
4 おち

어휘

72 明日の 夕方ごろから、雨が 強く ＿＿＿＿ でしょう。

1 ふる
2 ふり
3 ふった
4 ふって いる

문법

정답

70 **4** 兄は **去年**、大学に 入りました。
   형은 지난 해 대학에 입학하였습니다.

兄	キョウ：兄弟 형제
	あに：兄 형 ＊お兄さん 형님
去	キョ：去年 지난 해 / 작년
入	ニュウ：入学する 입학하다
	入院する 입원하다
	い (-る)：入り口 입구
	い (-れる)：入れる 넣다 はい (-る)：入る 들어가다

71 **1** 熱が **下がり**ましたか。
   열이 내려갔습니까?

さがる	**下がる** 내려가다 ⇔ **上がる** 오르다
さげる	**下げる** 내리다 ⇔ **上げる** 올리다
おりる	◆ 階段を **下りる** 계단을 내려가다 ⇔ **上る** 오르다
	◆ 電車を **降りる** 전철을 내리다 ⇔ **乗る** 타다

72 **1** 明日の 夕方ごろから、雨が 強く **降る**でしょう。
   내일 저녁 때부터 비가 강하게 내릴 것입니다.

〜でしょう／だろう　〜 것 입니다 / 것이다 ＊추량을 나타낸다

◆ 母は 元気**だろう**。 어머니는 건강할 것이다.

◆ 田中さんは 必ず 来る**でしょう**。 다나카 씨는 반드시 올 것입니다.

58

문제

73 あの 林の 中を 歩いて 行きませんか。

1 あぬいて
2 あるいて
3 あのいて
4 あろいて

문자

25 □□□

74 私は 3人 _____ の まん中です。

1 こども
2 ふうふ
3 きょうだい
4 かぞく

어휘

25 □□□

75 私は 歌が _____ 、カラオケに 行きたくない。

1 へたから
2 へたなから
3 へただから
4 へたでから

문법

25 □□□

정답

73 **2** あの 林の 中を **歩いて** 行きませんか。

저 숲속을 걸어 가지 않겠습니까?

문자

| 林 | はやし : 林 숲
| 歩 | ホ : 散歩する 산책하다
　　ある (-く) : 歩く 걷다
| 行 | コウ : 旅行 여행
　　い (-く) : 行く 가다
　　おこな (-う) : 行う 행하다

74 **3** 私は ３人兄弟の 真ん中です。

나는 3 형제 중 가운데입니다.

어휘

| きょうだい | 兄弟 형제
| かぞく | 家族 가족
　　◆ うちは ４人家族です。 우리집은 4 인 가족입니다.

＊일본에서는 「～人兄弟」「～人家族」이라 할 때 자신도 넣어서 계산한다.

75 **3** 私は 歌が **下手だから**、カラオケに 行きたくない。　**OK** 下手なので

나는 노래를 못하므로 가라오케에 가고 싶지 않다.

문법

| から | ~하기 때문에　＊이유

◆ 高いから 買えない。 비싸서 살 수 없다.

◆ 雨が 降ったから、試合は できなかった。
비가 와서 시합을 할 수 없었다.

76 ここに 名前と 電話番号を 書いて ください。

1 なまえ
2 なめえ
3 なめい
4 なまい

77 この ビルは ＿＿＿＿ですね。何階まで あるの でしょうか。

1 たかい
2 ほそい
3 ふとい
4 ながい

78 かぜを ＿＿＿＿、学校を 休みました。

1 引きて
2 引くから
3 引いて
4 引きたから

정답

76 **1** ここに <u>名前</u>と 電話番号を 書いて ください。
여기에 이름과 전화번호를 써 주십시오.

| 番 | バン：交番 파출소
番号 번호・1番、2番… 1번, 2번…
| 号 | ゴウ：番号 번호・102号室 102 호실
| 書 | ショ：辞書 사전
か (-く)：書く 쓰다

77 **1** この ビルは <u>高い</u>ですね。 何階まで あるのでしょうか。
이 빌딩은 높군요. 몇 층까지 있을까요?

| たかい | 高い 높다 ⇔ 低い 낮다
  ◆ 田中さんは 背が 高いです。 다나카 씨는 키가 큽니다.
| ほそい | 細い 가늘다
| ふとい | 太い 굵다 ⇔ 細い 가늘다
| ながい | 長い 길다 ⇔ 短い 짧다

78 **3** 風邪を <u>引いて</u>、学校を 休みました。　**OK** 風邪を 引いたから
감기에 걸려서 학교를 쉬었습니다.

~て　~で　~하여/~로 (＝ ~から)　＊이유

◆ 高くて 買えない。 비싸서 살 수 없다.
◆ 台風で 電車が 止まった。 태풍으로 전철이 멈추었다.

79 ちょっと ちずを 見せて ください

1 池国
2 池図
3 地国
4 地図

80 会社まで 遠いので、毎日電車で ＿＿＿＿ のは たいへんです。

1 つとめる
2 はたらく
3 のる
4 かよう

81 朝 ＿＿＿＿ すぐに シャワーを あびます。

1 起きるから
2 起きた
3 起きて
4 起きたから

정답

79 **4** ちょっと <u>地図</u>を 見せて ください。

지도를 좀 보여주십시오.

地	チ：地下鉄 지하철・地図 지도・地理 지리
	ジ：地震 지진
図	ズ：地図 지도
	ト：図書館 도서관

문자

80 **4** 会社 まで 遠いので、毎日 電車で <u>通う</u>のは 大変です。

회사까지 멀어서 매일 전철로 다니는 것은 힘듭니다.

| かよう | 通う 다니다 / 통근하다 |
| つとめる | 〜に 勤める 〜에 근무하다 (= 〜で 働く) |

어휘

81 **3** 朝 <u>起きて</u> すぐに シャワーを 浴びます。 **OK** 起きてから

아침에 일어나서 바로 샤워를 합니다.

| Vて(すぐに) | V 해서 (바로) |

◆ 家に 帰って テレビを 見たい。 집에 돌아가서 TV를 보고싶다.

| Vてから | V 하고나서 |

◆ 電車に 乗ってから 忘れ物に 気が 付いた。

전철에 타고나서 잊고 온 물건을 알아차렸다.

문법

문제

82 来週、<u>国</u>へ 帰ります。

1 こに
2 にく
3 くに
4 こく

83 _____ 家ですが、一度 あそびに 来て ください。

1 ほそい
2 せまい
3 すくない
4 ちょっと

84 宿題を _____ 学校へ 来ました。

1 しないから
2 しないで
3 しないが
4 しないて

정답

82 **3** 来週、国へ 帰ります。
다음주 고향에 돌아갑니다.

문자

| 週 | シュウ：一週間 1주일・毎週 매주
今週 금주 |
| 国 | コク：外国 외국
外国人 외국인
国際 국제 |
| | くに：国 나라 / 고향 |

83 **2** 狭い 家ですが、一度 遊びに 来て ください。
좁은 집이지만 한 번 놀러 오십시오.

어휘

せまい	狭い 좁다 ⇔ 広い 넓다
すくない	少ない 적다 ⇔ 多い 많다
ちょっと	조금

♦ ちょっと 待って ください。 조금 기다려 주십시오.

84 **2** 宿題を しないで 学校へ 来ました。
숙제를 하지 않고 학교에 왔습니다.

문법

| V ないで | V 하지 않고 |

♦ お風呂に 入らないで 寝ました。
목욕을 하지 않고 잤습니다.

♦ 辞書を 見ないで 日本語の 本を 読みます。
사전을 보지 않고 일본어 책을 읽습니다.

문제

6 일째 **제 1 주**

85 図書館で 本を <u>かります</u>。

1 借ります
2 貸ります
3 質ります
4 便ります

문자

29 □□□

86 この たなは とても ＿＿＿＿＿ 使いやすいです。

1 だいじょうぶで
2 たいへんで
3 じょうぶで
4 よわくて

어휘

29 □□□

87 レストランで ＿＿＿＿＿ 話しましょう。

1 食べなくて
2 食べないで
3 食べるから
4 食べながら

문법

29 □□□

정답

85 **1** 図書館で 本を <u>借ります</u>。

도서관에서 책을 빌립니다.

|館| カン：美術館 미술관
　　　　大使館 대사관
|借| か (-りる)：借りる 빌리다 ⇔ 貸す 빌려주다

문자

86 **3** この 棚は とても <u>丈夫で</u> 使いやすいです。

이 선반은 매우 튼튼하여 사용하기 편합니다.

じょうぶな	丈夫な 튼튼한
だいじょうぶな	大丈夫な 괜찮은 / 문제없는
よわい	弱い 약하다 ⇔ 強い 강하다

어휘

87 **4** レストランで <u>食べながら</u> 話しましょう。

레스토랑에서 식사하면서 이야기합시다.

| V₁ ながら V₂ | V₁ 하면서 V₂ 하다　＊V ~~ます~~ながら |

◆ 私は 音楽を <u>聞きながら</u> 勉強します。

저는 음악을 들으면서 공부합니다.

◆ 父は、いつも ご飯を <u>食べながら</u> 新聞を 読みます。

아버지는 언제나 식사를 하면서 신문을 읽습니다.

문법

68

88 弟は レストランで 働いて います。

1 はらたいて
2 はたらいて
3 はだらいて
4 はらだいて

89 ここまで 遠かったでしょう。＿＿＿＿＿＿ いらっしゃいました。

1 こんなに
2 いつも
3 とても
4 よく

90 病気は なおりました。もう ＿＿＿＿＿＿ 食べられます。

1 なんでも
2 なにも
3 ぜんぜん
4 あんまり

정답

88 **2** 弟は レストランで **働いて** います。
남동생은 레스토랑에서 일하고 있습니다.

| 弟 | ダイ：兄弟 형제
| | おとうと：弟 남동생
| 働 | はたら (-く)：働く 일하다

89 **4** ここまで 遠かったでしょう。 **よく** いらっしゃいました。
여기까지 멀었지요? 잘 오셨습니다.

| よく | ◆ **よく** できました。 잘 되었습니다.
◆ 日曜日に **よく** デパートに 行きます。 일요일에 자주 백화점에 갑니다.

90 **1** 病気は 治りました。 もう **何でも** 食べられます。
병은 나았습니다. 이제 무엇이든 먹을 수 있습니다.

| なんでも | 何でも 무엇이든
| なにも～ない | 아무것도 ~ 않다

◆ 歯が 痛くて **何も 食べられない**。 치아가 아파서 아무것도 먹지 못한다.

| あ(ん)まり～ない | 그다지 ~ 않다

◆ これは **あ(ん)まり おいしくない**です。 이것은 그다지 맛있지 않습니다.

문제

7 일째 **제1주**

91 デパートの 屋上に 上がる。→ 34
　1　やじょう　　　　2　おくじょう

1 □□□

92 ラジオを ききます。→ 52
　1　聞きます　　　　2　開きます

2 □□□

93 ちょっと _____ です。エアコンの 温度を 上げて ください。→ 38
　1　あたたかい　　　2　さむい

1 □□□

94 A「それ、買ったの？」
　　B「ううん、図書館で _____ 。」→ 8
　1　かりたの　　　　2　かしたの

2 □□□

95 今日は、あまり _____ です。→ 90
　1　暑くなかった　　2　暑いじゃなかった

1 □□□

96 インターネット _____ 調べる。→ 3
　1　が　　　　　　　2　で

2 □□□

문제

97 <u>大人</u>は 千円、子どもは 五百円です。→ ①

1 おとな　　　　2 おたな

3 ☐☐☐

98 <u>ちず</u>を かきましょうか。→ ㉘

1 地理　　　　2 地図

4 ☐☐☐

99 しょうゆが _____ なったから、買って きて。→ ㊱

1 すくなく　　　　2 ちょっと

3 ☐☐☐

100 家に 帰ったら、すぐに パソコンを _____ 。→ ②

1 おします　　　　2 つけます

4 ☐☐☐

101 今日の 授業は _____ でしたか。→ ㉑

1 どう　　　　2 どうやって

3 ☐☐☐

102 弟は、今ごろ ゲームを _____ 。→ ㊲

1 やります　　　　2 やって いるでしょう

4 ☐☐☐

앞 페이지 정답　91 2　92 1　93 2　94 1　95 1　96 2

7일째 제1주

103 この 時計は スイスのです。→ 7

　1　とかい　　　　　2　とけい

5 □□□

104 おさきに しつれいします。→ 31

　1　お先に　　　　　2　お前に

6 □□□

105 花を もらったけれど、_____ 花びんが ない。→ 56

　1　いれる　　　　　2　はいれる

5 □□□

106 この へんは 人が 少なくて とても _____ です。→ 41

　1　にぎやか　　　　2　しずか

6 □□□

107 よく _____。もう一度 お願いします。→ 66

　1　聞こえませんでした　　2　聞きませんでした

5 □□□

108 この カレー、あまり _____ ね。→ 90

　1　からいです　　　　2　からくありません

6 □□□

앞 페이지 정답　97　1　98　2　99　1　100　2　101　1　102　2

문제

109 すみません、<u>上着</u>を ぬいでも いいですか。

1 うわぎ　　　　2 うえき

110 みんなで <u>わけましょう</u>。

1 分けましょう　　　2 半けましょう

111 この 問題が わかる 人は、手を ＿＿＿＿ ください。

1 あげて　　　　2 あがって

112 明日は 旅行に 行くので、早く 家を ＿＿＿＿。

1 でます　　　　2 いそぎます

113 この 問題は ＿＿＿＿ できません。

1 むずかしくて　　　2 むずかしかったから

114 私の 誕生日に 父が 時計を ＿＿＿＿。

1 あげました　　　2 くれました

115 午前中は ひまです。

1 ごぜんちゅう　　2 ごぜんじゅう

116 友だちが にゅういん して います。

1 入院　　2 入学

117 むすこは 大阪の 会社に ＿＿＿＿＿ います。

1 はたらいて　　2 つとめて

118 こんなに ＿＿＿＿＿ 本を 持って いくのは たいへんです。

1 あつい　　2 ふとい

119 朝から ＿＿＿＿＿ 食べて いないから、おなかが すきました。

1 なにか　　2 なにも

120 明日 試験だから、今日は ＿＿＿＿＿ 勉強します。

1 寝ないで　　2 寝ながら

앞 페이지 정답　109 1　110 1　111 1　112 1　113 1　114 2

문제

121 私は 四人兄弟の 一番上です。→ 70

1 きょうだい　　　2 けいだい

11 □□□

122 これは たいせつな 本です。→ 64

1 大切な　　　2 大事な

12 □□□

123 私は 今年の 12月に _____ に なります。→ 17

1 はつか　　　2 はたち

11 □□□

124 この たなは 安かったけれど、とても _____ です。
→ 86

1 じょうぶ　　　2 だいじょうぶ

12 □□□

125 漢字は ぜんぜん _____ ことが できません。→ 63

1 読む　　　2 読める

11 □□□

제 2 주

	1 ~ 6 일째	7 일째 (복습)
1회차	/ 30 문제	/ 12 문제
2회차	/ 30 문제	/ 12 문제
3회차	/ 30 문제	/ 12 문제

 문자

- 6 일째까지 마친 후 정답 수를 세어 기록합시다.
- 정답 수가 적은 분야가 있으면 다시 한 번 푼 후에 7 일째로 나아갑시다.
- 7 일째는 복습입니다. 다 마친 후 정답 수를 적고, 학습 효과를 확인합시다.

	1 ~ 6 일째	7 일째 (복습)
1회차	/ 30 문제	/ 12 문제
2회차	/ 30 문제	/ 12 문제
3회차	/ 30 문제	/ 12 문제

 어휘

	1 ~ 6 일째	7 일째 (복습)
1회차	/ 30 문제	/ 11 문제
2회차	/ 30 문제	/ 11 문제
3회차	/ 30 문제	/ 11 문제

 문법

앞 페이지 정답   121 **1**   122 **1**   123 **2**   124 **1**   125 **1**

_____ のことばに対し、ひらがなは漢字に、漢字はひらがなに直して、正しいものを選択肢から選びなさい。

_____ 의 단어에 대해 히라가나는 한자로, 한자는 히라가나로 고치고 바른 것을 선택지에서 고르시오.

_____ のところに何を入れますか。いちばんいいものを選択肢から一つ選びなさい。

_____ 에 무엇을 넣으면 좋은지 가장 적당한 것을 선택지에서 하나 고르시오.

_____ のところに何を入れますか。いちばんいいものを選択肢から一つ選びなさい。

_____ 에 무엇을 넣으면 좋은지 가장 적당한 것을 선택지에서 하나 고르시오.

문제

126 A「あと 何分?」
B「二分です。」

1 なんぶん
2 なんふん
3 なんぷん
4 なにふん

문자

127 A「田中さん、お昼ごはん、食べに 行かない?」
B「今日は _____ を 持って きたの。」

1 おべんとう
2 ばんごはん
3 ランチ
4 おみやげ

어휘

128 私は 日本語が 少し _____ 話せません。

1 しか
2 ぐらい
3 ばかり
4 だけ

문법

정답

126 3 A「あと**何分**?」
　　　B「**二分**です。」

A「몇 분 남았니?」
B「2분입니다.」

何	なに：何 무엇・何色 무슨 색
	なん：何時何分 몇시 몇분
二	ニ：二時間 2시간
	ふた(-つ)：二つ 2개

*二人 2인・二日 2일・二十日 20일・二十歳 20세

127 1 A「田中さん、お昼ごはん、食べに 行かない?」
　　　B「今日は **お弁当**を 持って きたの。」

A「다나카 씨, 점심 먹으러 안 갈래?」
B「오늘은 도시락을 싸왔어.」

(お)べんとう	お弁当 도시락
ごはん	ご飯 밥　①米 쌀　②食事 식사
(お)みやげ	선물

128 1 私は 日本語が 少し**しか** 話せません。

저는 일본어를 조금 밖에 말하지 못합니다.

Nしか…ない N 밖에…않다

◆ 男の人しか 来なかった。 남자 밖에 오지 않았다.

Nだけ N 만

◆ 男の人だけ 来た。 남자만 왔다.

Nぐらい N 정도　＊N=시간・수량 등

◆ 男の人が 10人ぐらい 来ました。 남자가 10명 정도 왔습니다.

문제

129 それは じどうドアです。

1 自動
2 自働
3 手動
4 手働

문자

2 □□□

130 公園の ベンチに ＿＿＿＿＿ が 一人 すわって います。
　こう えん　　　　　　　　　　　　　　　　　　ひ と り

1 としをとるひと
2 ふるいひと
3 おとしより
4 ふるいおじいさん

어휘

2 □□□

131 また、遊び ＿＿＿＿＿ 来て ください。
　　　　あそ　　　　　　　　き

1 は
2 に
3 を
4 か

문법

2 □□□

정답

129 **1** それは **自動**ドアです。

그것은 자동문입니다.

自 ジ：自分 자신・自由 자유
動 ドウ：動物 동물・運動 운동
　　　　手動 수동
　　うご (-く)：動く 움직이다

130 **3** 公園の ベンチに **お年寄りが** 一人 座って います。

공원의 벤치에 노인이 한 분 앉아 있습니다.

| (お)としより | (お)年寄り 노인 |

＊年を とる 나이를 먹다

◆ 父は 年を とって います。
　아버지는 나이가 들었습니다.

131 **2** また、遊び**に** 来て ください。

또 놀러 오십시오.

| Vに いく/くる/かえる | V 에 가다 / 오다 / 돌아가다 |

＊「に」는 목적을 나타낸다.

◆ 卵を 買いに 行った。 계란을 사러 갔다.

◆ 日本語を 勉強しに 来た。(＝ 日本語の 勉強に 来た。)
　일본어를 공부하러 왔다.

◆ 忘れ物を 取りに 帰った。 잊은 물건을 가지러 돌아갔다.

문제

132 <u>毎月</u>、銀行へ 行きます。

1 まいつき
2 まいがつ
3 めいげつ
4 めいつき

3 ☐☐☐

133 ぼくの しゅみは 山に ＿＿＿＿ ことです。

1 あるく
2 のぼる
3 おりる
4 わたる

3 ☐☐☐

134 A「どうした a＿＿＿＿？」
B「おなかが いたい b＿＿＿＿ です。」

1 a.の　　b.なん
2 a.の　　b.ん
3 a.か　　b.ん
4 a.か　　b.の

3 ☐☐☐

정답

132 **1** 毎月、銀行へ 行きます。
매월 은행에 갑니다.

毎 マイ: 毎朝 매일 아침 · 毎日 매일 · 毎週 매주 · 毎月 매월

　　　　毎年 매년　　＊毎年 매년

銀 ギン: 銀行 은행

133 **2** ぼくの 趣味は 山に 登る ことです。
저의 취미는 산에 오르는 것입니다.

のぼる　◆ 山に 登る 산에 오르다
　　　　◆ 階段を 上る 계단을 오르다

おりる　下りる 내리다 ⇔ 上る 오르다

わたる　◆ 橋を 渡る 다리를 건너다

134 **2** A「どうした ₐ<u>の</u>？」
　　　B「おなかが 痛い ᵦ<u>ん</u>です。」　**OK** 痛いの（です）

A「왜 그러니?」
B「배가 아픕니다.」

〜んです　＊설명을 나타낸다

◆ A「どうして 引っ越すの？」
　B「ここは 駅から 遠くて <u>不便なんです</u>。」
　A「왜 이사를 하니?」
　B「여기는 역에서 멀어서 불편합니다.」

문제

1 일째 　제**2**주

135 百万円あったら、何に <u>つかいます</u>か。

1 使います
2 作います
3 用います
4 利います

문자

4 □□□

136 ＿＿＿＿＿を 教えて ください。メールします。

1 名前
2 アドレス
3 電話番号
4 住所

어휘

4 □□□

137 弟は テレビ ＿＿＿＿＿ 見て いて、ぜんぜん 勉強しません。

1 ぐらい
2 も
3 ばかり
4 しか

문법

4 □□□

정답

135 **1** 百万円あったら、何に **使います**か。
백만 엔이 있으면 무엇에 쓰겠습니까?

万	マン：十万 10만・百万 100만
円	エン：円 ① 원 ② 엔
使	シ：大使館 대사관
	つか(-う)：使う 사용하다

136 **2** **アドレス**を 教えて ください。 メールします。
이메일 어드레스를 가르쳐 주십시오. 메일 보내겠습니다.

| **(メール)アドレス** | (이메일) 어드레스 |
| **メール** | 이메일 |

* 일본어에서는 「メール」은 휴대전화나 인터넷의 메일에만 사용한다.

137 **3** 弟 は テレビ**ばかり** 見て いて、全然 勉強しません。
남동생은 TV만 보고 전혀 공부하지 않습니다.

Nばかり   N만

◆ 父は このごろ、**お酒ばかり** 飲んで います。
아버지는 요즈음 술만 마시고 있습니다.

◆ この レストランの お客さんは、**女の人ばかり**ですね。
이 레스토랑의 손님은 여자들 뿐이네요.

문제

1 일째　제 **2** 주

138 <u>お姉さん</u>は　お元気ですか。

1　おねいさん
2　おにいさん
3　おねえさん
4　おあねさん

문자

5 □□□

139 鳥が　たくさん　空を　＿＿＿＿＿＿＿　います。

1　さんぽして
2　はしって
3　あそんで
4　とんで

어휘

5 □□□

140 これは、日本人　＿＿＿＿＿＿＿　読めない　漢字です。

1　だけ
2　ばかり
3　でも
4　ぐらい

문법

5 □□□

정답

138 **3** <u>お姉さん</u>は お元気ですか。

언니는 잘 지냅니까?

姉	**あね** : 姉 언니/누나 ＊お姉さん 언니/누나
元	**ゲン** : 元気な 건강한
気	**キ** : 天気 날씨・病気 병 電気 전기

문자

139 **4** 鳥が たくさん 空を <u>飛んで</u> います。

새가 많이 하늘을 날고 있습니다.

とぶ	飛ぶ 날다
はしる	走る 달리다
あそぶ	遊ぶ 놀다

어휘

140 **3** これは、日本人<u>でも</u> 読めない 漢字です。

이것은 일본인도 읽지 못하는 한자입니다.

| **Nでも** | N 도/라도 |

◆ <u>子供でも</u> できる 問題 어린이도 할 수 있는 문제
◆ お茶でも 飲みましょう。 차라도 마십시다

문법

문제

2 일째 제 **2** 주

141 A「この ワインは いくらですか。」
B「千六百円です。」

1 せんろくひゃくえん
2 せんろっぴゃくえん
3 せんろくびゃくえん
4 せんろぴゃくえん

142 まちがえたら、けしゴムで きれいに ＿＿＿＿＿＿＿ ください。

1 きえて
2 けして
3 きって
4 けって

143 A「あなたの カップは どっちですか。」
B「＿＿＿＿＿＿＿ です。」

1 大きいの ほう
2 もっと 大きい
3 大きい ほう
4 ずっと 大きい

정답

141 **2** A「この ワインは いくらですか。」
　　　 B「**千六百円**です。」
　　　　　　せん ろっぴゃく えん
　　　A「이 와인은 얼마입니까?」
　　　B「1,600 엔입니다.」

문자

|千| **セン** : 千、二千、三千、四千… 천, 이천, 삼천, 사천
　　　　　　せん にせん さんぜん よんせん
|六| **ロク** : 六 육
　　　　　　ろく
　　　　むっ (-つ) : 六つ 여섯개　＊六日 6 일
　　　　　　　　　　むっ　　　　　　　　むい か
|百| **ヒャク** : 百…三百…六百、七百、八百 백…삼백…육백, 칠백, 팔백
　　　　　　ひゃく さんびゃく ろっぴゃく ななひゃく はっぴゃく
　　　　　＊八百屋 야채가게
　　　　　　やお や

142 **2** 間違えたら、消しゴムで きれいに **消して** ください。
　　　　　まちが　　　　け　　　　　　　　　　　　　け
　　　틀렸을 경우 지우개로 깨끗하게 지워주십시오.

어휘

|けす| ◆ 字を **消す** 글자를 지우다　＊消える 지워지다
　　　　　じ　　　　け　　　　　　　　　　き
　　　　◆ 電気を **消す** 전기를 끄다
　　　　　でんき　 け
|きる| ◆ はさみで **切る** 가위로 자르다
　　　　　　　　　　き

143 **3** A「あなたの カップは どっちですか。」
　　　 B「**大きい ほう**です。」
　　　　　　おお
　　　A「당신의 컵은 어느 것입니까?」 B「큰 쪽입니다.」

문법

|~ほう| ~ 쪽

　　◆ 好きな **ほう**を 選んでください。 좋아하는 쪽을 선택해 주십시오.
　　　　す　　　　　　　　えら

|ずっと| ＊비교를 강조하다

　　◆ 今日は 昨日より **ずっと** 暑い。 오늘은 어제보다 훨씬 덥다.
　　　　きょう きのう　　　　　　　あつ

言わない!
い

문제

2 일째 | **제 2 주**

144 姉は 八時に 家を <u>でます</u>。

1. 発ます
2. 去ます
3. 出ます
4. 着ます

문자

7 ☐☐☐

145 外は 暑いですよ。ぼうしを ＿＿＿＿ ほうが いいですよ。

1. きた
2. かぶった
3. つけた
4. かけた

어휘

7 ☐☐☐

146 きのうより ＿＿＿＿ 寒いですね。

1. 今日ほど
2. 今日の ほうが
3. 今日と おなじくらい
4. 今日と ちがって

문법

7 ☐☐☐

정답

144 **3** 姉は 八時に 家を <u>出ます</u>。
언니는 8시에 집을 나갑니다.

八	ハチ：八時 8시・八分 8분
	やっ (-つ)：八つ 8개　＊八日 8일・八百屋 야채가게
家	カ：家族 가족・家庭 가정
	いえ：家 집
出	シュツ：出発 출발・輸出 수출
	で (-る)：出る 나가다・出かける 외출하다
	だ (-す)：出す 내다 / 보내다

145 **2** 外は 暑いですよ。 帽子を <u>かぶった</u>ほうが いいですよ。
바깥은 덥습니다. 모자를 쓰는 것이 좋겠어요.

かぶる	◆ 帽子を かぶる 모자를 쓰다
つける	◆ アクセサリーを つける / する 액세서리를 달다
かける	◆ 眼鏡を かける / する 안경을 쓰다

146 **2** 昨日より <u>今日の ほうが</u> 寒いですね。
어제보다 오늘이 춥군요.

| N1 より N2 のほうが~ | N1 보다 N2 쪽이 (= N2 는 N1 より~) |

◆ 日本では、12月より 2月のほうが 寒いです。
일본에서는 12월보다 2월이 춥습니다.

| N1 は N2 と おなじくらい~ | N1 은 N2 와 같은 정도로 ~ |

◆ この 問題集は その 問題集と 同じくらい 難しい。
이 문제집은 그 문제집과 같은 정도로 어렵다.

문제

147 あの 木の したで、<u>少し</u> 休みましょう。

1. すこし
2. すくし
3. しこし
4. そこし

문자

148 A「まどを 開(あ)けましょうか。」
B「はい、_____ 。」

1. おねがいします
2. どうぞ
3. わかりました
4. もちろん

어휘

149 コーヒーと 紅茶(こうちゃ)と、_____ ですか。

1. なんの ほう
2. どれが いい
3. どっちの ほう
4. どちらが いい

문법

정답

147 1 あの 木の 下で、<u>少し</u> 休みましょう。

저 나무 아래에서 조금 쉽시다.

문자

|木| モク：木曜日 목요일 **き**：木 나무
|下| カ：地下鉄 지하철 ゲ：下宿する 하숙하다
  お (-りる)：下りる 내리다
  さ (-がる/-げる)：下がる 내려가다・下げる 내리다
  した：下 아래 ＊下手 못하다 ⇔ 上手 잘하다
|少| すこ (-し)：少し 조금
  すく (-ない)：少ない 적다

148 1 A「窓を 開けましょうか。」 B「はい、<u>お願いします</u>。」

A「창을 열까요?」
B「네, 부탁합니다.」

어휘

| おねがいします | お願いします 부탁합니다
| どうぞ | 부디

◆ A「窓を 開けても いいですか。」
　B「はい、**どうぞ**。」
　A「창을 열어도 좋습니까?」
　B「네, 그러세요.」

149 4 コーヒーと 紅茶と、<u>どちらが いい</u>ですか。

OK どちら／どっちの ほうが いいですか

커피와 홍차 어느 쪽이 좋습니까?

문법

| N₁と N₂と どちら (のほうが) ～ | N₁と N₂と N₃で どれが～ |

◆ 牛肉と 豚肉と どちらの ほうが 高いですか。
　소고기와 돼지고기 어느 쪽이 비쌉니까?

◆ コーヒーと 紅茶と 日本茶で、どれが いちばん 好きですか。
　커피와 홍차와 일본차에서 어느 것을 가장 좋아합니까?

＊日本の 食べ物の 中で、何が いちばん 好きですか。
　일본의 음식 중에서 무엇을 가장 좋아합니까?

문제

2일째 제**2**주

150 あの 男の人は <u>あし</u>が 長いです。

1 兄
2 足
3 歩
4 首

문자

9 □□□

151 この スーパーは、＿＿＿＿＿ まで 開いて いるので 便利です。

1 やすく
2 とおく
3 おそく
4 ひろく

어휘

9 □□□

152 富士山は エベレスト ＿＿＿＿＿。

1 より 高い
2 ほど 高くない
3 の ほうが 高い
4 の ようより 高くない

문법

9 □□□

정답

150 **2** あの 男の人は 足が 長いです。
저 남자는 다리가 깁니다.

| 男 | ダン : 男性 남성 ⇔ 女性 여성
おとこ : 男 남자・男の子 남자아이
| 足 | あし : 足 다리
た (-りる/-す) : 足りる 충족하다・足す 더하다
| 長 | チョウ : 校長 교장
なが (-い) : 長い 길다

151 **3** この スーパーは、遅くまで 開いて いるので 便利です。
이 슈퍼마켓은 늦게까지 열려있어서 편리합니다.

| おそい | 〈時間〉遅い (시간) 늦다 ⇔ 早い 빠르다
〈スピード〉遅い (스피드) 느리다 ⇔ 速い 빠르다
| とおい | 遠い 멀다 ⇔ 近い 가깝다

152 **2** 富士山は エベレストほど 高くない。
후지산은 에베레스트만큼 높지 않다.

| N₁ は N₂ ほど~ない | N₁ 은 N₂ 만큼 ~ 않다
(= N₁ より N₂ の ほうが~) (= N₁ 보다 N₂ 쪽이 ~)

◆ 急行(電車)は 特急(電車)ほど 速くない。
급행 (전철) 은 특급 (전철) 만큼 빠르지 않다.
(= 急行より 特急の ほうが 速い。)(= 급행보다 특급이 빠르다)
※ 急行電車 급행전철・特急電車 특급전철

◆ 今週は 先週ほど 忙しくない。 이번주는 지난주만큼 바쁘지 않다.
(= 今週より 先週の ほうが 忙しかった。)(= 이번주보다 지난주가 바빴다.)

문제

153 海や 川で 魚を とります。

1 うめ
2 かわ
3 うみ
4 やま

문자

10 □□□

154 先週は、一週間の うち _____ も 休んで しまった。

1 よっか
2 ようか
3 ここのか
4 ついたち

어휘

10 □□□

155 宿題は _____ 終わりましたか。

1 まだ
2 もう
3 あとで
4 もうすぐ

문법

10 □□□

정답

153 **3** <u>海</u>や <u>川</u>で <u>魚</u>を <u>捕</u>ります。
바다나 강에서 물고기를 잡습니다.

문자

| 海 | カイ : 海岸 해안
| | うみ : 海 바다
| 川 | かわ : 川 강
| 魚 | ギョ : 金魚 금붕어
| | さかな : 魚 생선 / 물고기

154 **1** 先週は、一週間の うち <u>四日</u>も 休んで しまった。
지난주는 1주일 중에 4일이나 쉬어버렸다.

어휘

| よっか | 四日 4일
| ようか | 八日 8일
| ここのか | 九日 9일
| ついたち | 一日 1일 ◆ 今日は 三月一日です。 오늘은 3월 1일입니다.
| | ＊今月は 一日も 休まなかった。 이번 달은 하루도 쉬지 않았다.

155 **2** 宿題は <u>もう</u> 終わりましたか。
숙제는 벌써 끝났습니까?

문법

| もう～ | 이미 / 벌써

◆ **もう** 宿題を しました。 이미 숙제를 했습니다.

◆ **もう** お金が ありません。 벌써 돈이 없습니다.

| まだ～ | 아직

◆ **まだ** 時間が あります。 아직 시간이 있습니다.

◆ **まだ** 宿題を して いません。 아직 숙제를 하지 않았습니다.

문제

156 夏休みには いつも 家族で 旅行します。

1 りょうこ
2 りょうこう
3 りょこ
4 りょこう

11 □□□

157 夜中に 何度も 目が _____。

1 あけました
2 さめました
3 とまりました
4 おきました

11 □□□

158 A「これ、あなたが したの？」
B「いや、_____ しないよ。」

1 それを
2 そう
3 そんなに
4 そんなこと

11 □□□

정답

156 **4** 夏休みには いつも 家族で 旅行します。
여름 휴가에는 언제나 가족과 같이 여행합니다.

夏	なつ：夏 여름・夏休み 여름휴가
族	ゾク：家族 가족・水族館 수족관
旅	リョ：旅行 여행・旅館 여관

157 **2** 夜中に 何度も 目が 覚めました。
밤중에 몇 번이나 잠이 깨었습니다.

めが さめる	目が 覚める 눈이 떠지다 / 잠이 깨다
とまる	◆ 車が 止まる 차가 멈추다 ＊車を 止める 차를 멈추다
	◆ ホテルに 泊まる 호텔에 머물다
おきる	◆ 朝早く 起きる 아침 일찍 일어나다
	◆ 事故が 起きる 사고가 일어나다

158 **4** A「これ、あなたが したの？」
B「いや、**そんな こと** しないよ。」

A「이것, 당신이 했나요?」
B「아니, 그런 일 하지 않았어요.」

| こんな | そんな | あんな | どんな | 이런 / 그런 / 저런 / 어떤

◆ **こんな** 家に 住みたい。 이런 집에 살고 싶다.

◆ **あんな** バッグが 欲しい。 저런 가방을 갖고 싶다.

◆ **どんな** 人が 好きですか。 어떤 사람을 좋아합니까?

문제

3 일째 **제 2 주**

159 うさぎは めが 赤い。

1 目
2 耳
3 首
4 足

12 □□□

160 ご _____ は お元気ですか。

1 いもうと
2 かあさま
3 みなさん
4 りょうしん

12 □□□

161 A「今日の 試験、ぜんぜん できませんでした。」
B「_____ むずかしかったんですか。」

1 どんな ように
2 そんなに
3 こんなに
4 あんなに

12 □□□

정답

159 **1** うさぎは <u>目</u>が 赤い。

토끼는 눈이 빨갛다.

目	め：目 눈・~番目 ~번째
	モク：目的 목적
赤	あか：赤 적색・赤ちゃん 아기
	あか (-い)：赤い 빨갛다

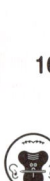
문자

---

160 **4** ご<u>両親</u>は お元気ですか。

부모님은 건강하십니까?

《경어표현》

- ご**両親** 양친 / 부모님
- ご**主人** 남편분
- **奥**様（**奥**さん）부인
- お**母**様（お**母**さん）어머님
- お**父**様（お**父**さん）아버님

어휘

言わない！

---

161 **2** A「今日の 試験、全然 できませんでした。」
　　　B「そんなに 難しかったんですか。」

A「오늘 시험, 전혀 풀지 못했습니다.」
B「그렇게 어려웠습니까?」

| そんなに | 그렇게 |

- なぜ **そんなに** 急いで いるのですか。왜 그렇게 서두르고 있습니까?

| こんなに | 이렇게 |

- **こんなに** 難しい 問題は だれも できないでしょう。
  이렇게 어려운 문제는 누구도 풀지 못하겠지요.

문법

문제

162 走ったら、8時の バスに 間に合うかもしれない。

1 めにあう
2 みにあう
3 まにあう
4 もにあう

163 最近、タバコを ＿＿＿＿＿ 人が 減りましたね。

1 くう
2 すう
3 ふく
4 はく

164 ＿＿＿＿＿、ぜんぶ 食べました。

1 のこしないで
2 のこらないで
3 のこさないで
4 のこって ないで

정답

162 **3** 走ったら、8時の バスに **間に合う**かもしれない。

달린다면 8 시 버스에 탈 수 있을지 모르겠다.

走 はし (-る) : 走る 달리다
間 カン : 時間 시간・〜時間 〜시간
　　ま : 間に合う 대다
　　あいだ : 間 사이 / 동안
　　　　　　この間 지난번

163 **2** 最近、タバコを **吸う** 人が 減りましたね。

최근 담배를 피우는 사람이 줄었네요.

すう	◆ たばこを **吸う** 담배를 피우다
ふく	◆ 風が **吹く** 바람이 불다
	◆ 手を **ふく** 손을 닦다
はく	◆ 庭を **掃く** 정원을 청소하다
	◆ 気持ち悪くて **吐く** 속이 안좋아서 토하다

164 **3** **残さないで**、全部 食べました。

남기지 않고 전부 먹었습니다.

《타동사》

〜を 残す 〜을 남기다

◆ 弟は、いつも ご飯を 残します。 남동생은 항상 밥을 남깁니다.

《자동사》

〜が 残る 〜이 남다

◆ 宿題が たくさん 残って います。 숙제가 많이 남아 있습니다.

◆ 学校に 残って、宿題を します。 학교에 남아서 숙제를 합니다.

문제　　　　　　　　　　　　　　3 일째　제 2 주

165 今、何と いいましたか。

1　話いました
2　白いました
3　言いました
4　語いました

문자

14 ☐☐☐

166 ＿＿＿＿が 悪(わる)いんです。早(はや)く 帰(かえ)っても いいですか。

1　からだ
2　げんき
3　くうき
4　きぶん

어휘

14 ☐☐☐

167 この ゲームを したいけれど、＿＿＿＿が 分(わ)からない。

1　やりこと
2　やりかた
3　あそぶこと
4　あそぶかた

문법

14 ☐☐☐

정답

165 **3** 今、何と <u>言いました</u>か。
지금 뭐라고 말하였습니까?

문자

言	い (-う) : 言う 말하다
	こと : 言葉 말 / 언어
白	しろ : 白 백색
	しろ (-い) : 白い 하얗다

166 **4** <u>気分</u>が 悪いんです。早く 帰っても いいですか。
　　OK 体の 具合が 悪い
속이 안 좋습니다. 빨리 돌아가도 좋습니까?

어휘

| きぶん | 気分 기분 |
| きもち | 気持ち 기분 |

◆ 気持ち (が) 悪い
① 역겹다 / 속이 안 좋다
② 기분이 나쁘다 / 밥맛이야
(= 気分が 悪い)

167 **2** この ゲームを したいけれど、<u>やり方</u>が 分からない。　**OK** 遊び方
이 게임을 하고 싶으나 하는 방법을 모른다.

문법

| Vかた | V 하는 방법　＊V~~ます~~かた |

書き方 쓰는 방법
読み方 읽는 방법
作り方 만드는 방법
行き方 가는 방법

문제

3 일째 　제 **2** 주

168 あの 木には <u>小鳥</u>が たくさん います。

　　1　こちょう
　　2　おとり
　　3　ちどり
　　4　ことり

문자

15 ☐☐☐

169 あのう、ここに ＿＿＿＿＿＿＿ いいですか。

　　1　すわっても
　　2　さわっても
　　3　まわっても
　　4　わって

어휘

15 ☐☐☐

170 ＿＿＿＿＿＿＿が 違う お皿ですが、ねだんは 同じです。

　　1　大きく
　　2　大きいさ
　　3　大きさ
　　4　大きいの

문법

15 ☐☐☐

정답

168 **4** あの 木には <u>小鳥</u>が たくさん います。

저 나무에는 작은 새가 많이 있습니다.

문자

| 小 | **ショウ**：小学校 초등학교
小説 소설
ちい (-さい)：小さい 작다
こ：小鳥 작은 새 |
| 鳥 | **とり**：鳥 새・小鳥 작은 새 |

169 **1** あのう、ここに <u>座っても</u> いいですか。

저, 여기 앉아도 괜찮습니까?

어휘

すわる	座る 앉다
さわる	触る 만지다
まわる	回る 돌다
わる	割る 나누다

170 **3** <u>大きさ</u>が 違う お皿 ですが、値段は 同じです。

크기가 다른 접시입니다만 가격은 같습니다.

문법

| ~さ | ＊ A~~い~~さ（＝ N） |

◆ この プールの <u>深さ</u>は どのくらいですか。

이 수영장의 깊이는 어느 정도입니까?

◆ 子供に 命の <u>大切さ</u>を 教えよう。

어린이에게 생명의 소중함을 가르치자.

문제

4일째 제**2**주

171 あそこの 店員さんは 親切です。

1 てんにん
2 てんいん
3 でいん
4 でにん

문자

16 □□□

172 くつを ぬいで、スリッパに ＿＿＿＿＿ ください。

1 ぬぎかえて
2 いれあけて
3 きがえて
4 はきかえて

어휘

16 □□□

173 田中さん、このごろ とても ＿＿＿＿＿ ね。

1 きれいに なりました
2 きれいに しました
3 きれいな 人です
4 きれいだったです

문법

16 □□□

정답

171 **2** あそこの **店員**さんは 親切です。
  저 곳의 점원은 친절합니다.

- 店 テン：喫茶店 찻집・店員 점원
  - みせ：店 가게
- 親 シン：親切な 친절한・両親 양친

172 **4** くつを ぬいで、スリッパに **はきかえて** ください。
  구두를 벗고 슬리퍼로 갈아신어 주십시오.

- はきかえる   갈아신다
- きがえる   着がえる 갈아입다
- いれかえる   ◆ 電池を 入れかえる 전지를 갈아끼우다

173 **1** 田中さん、このごろ とても **きれいに なりましたね**。
  다나카 씨 요즘 매우 이뻐지셨군요.

- ~なる   ~ 되다
  ◆ 寒く なりましたね。 추워졌군요.

- ~する   ~ 하다
  ◆ 静かに して ください。 조용히 해 주십시오.
  ◆ 髪を 短く しました。 머리를 짧게 했습니다.

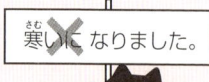
寒いに なりました。

言わない！

문제

174 だれかが 門の 所に <u>たって</u> いる。

1 立って
2 建って
3 待って
4 出って

17 □□□

175 _____ を 引いて、学校を 休みました。

1 けが
2 りょこう
3 びょうき
4 かぜ

17 □□□

176 この テストで 100点を _____ 無理だろう。

1 とったのは
2 とるのは
3 とったら
4 とれば

17 □□□

정답

174 **1** だれかが 門の 所に 立って いる。

누군가가 문 쪽에 서 있다.

문자

| 門 | モン：門 문・専門 전문
| 所 | ショ：住所 주소・場所 장소
  ところ：所 곳・台所 부엌
| 立 | た (-つ/-てる)：立つ 서다・立てる 세우다

175 **4** 風邪を 引いて、学校を 休みました。

감기에 걸려 학교를 쉬었습니다.

어휘

| かぜ | ◆ **風邪**を 引く 감기에 걸리다
| りょこう | ◆ **旅行**に 行く 여행을 가다／**旅行**する 여행하다
| びょうき | ◆ **病気**を する 병을 앓다／**病気**に なる 병이 나다
| けが | ◆ けがを する 상처를 입다

176 **2** この テストで 100点を **取るのは** 無理だろう。 **OK** 取ることは

이 테스트에서 100점을 받기는 무리일 것이다.

문법

| Vのは～ | V 하는 것은

◆ 敬語を 使うのは 難しいです。(= 使う ことは)

경어를 사용하는 것은 어렵습니다. (= 사용하는 일은)

◆ 田中さんが 来たのは 先週の 火曜日です。(= 来た 日は)

다나카 씨가 온 것은 지난주 화요일입니다. (= 온 날은)

문제

177 もう 一度 大きい <u>声</u>で 言って ください。

1 おと
2 こと
3 こえ
4 おん

18 ☐☐☐

178 休みの 日は 家で 音楽を 聞いたり ギターを _____ して います。

1 つけたり
2 ひいたり
3 おしたり
4 ふいたり

18 ☐☐☐

179 私は 犬に おもちゃを _____。

1 買って やった
2 買って もらった
3 買って くれた
4 買って くださった

18 ☐☐☐

정답

177 **3** もう一度 大きい 声で 言って ください。
다시 한 번 큰 소리로 말해 주십시오.

문자

| 度 | ド：一度 한 번・今度 이번
　　タク：支度する 준비하다 |
| 声 | こえ：声 소리 |

178 **2** 休みの 日は 家で 音楽を 聞いたり ギターを 弾いたり して います。

휴일에는 집에서 음악을 듣거나 기타를 치거나 합니다.

어휘

| ひく | ◆ ピアノを 弾く 피아노를 치다 |
| ふく | ◆ フルートを 吹く 플룻을 연주하다
　　　◆ 風が 吹く 바람이 불다 |

179 **1** 私は 犬に おもちゃを 買って やった。　　**OK** 買って あげた

나는 강아지에게 장난감을 사 주었다.

문법

| Vて あげる
　Vて やる | ◆ 私は 兄に セーターを 買って あげた。
　나는 형에게 스웨터를 사 주었다.
　◆ 私は 弟に セーターを 買って やった。
　나는 남동생에게 스웨터를 사 주었다. |
| Vて もらう | ◆ 私は 兄に セーターを 買って もらった。
　나는 형이 산 스웨터를 받았다. |
| Vて くれる | ◆ 兄が (私に) セーターを 買って くれた。
　형이 (나에게) 스웨터를 사 주었다. |

문제

180 あの みせで 飲み物を 買いましょう。

1 館
2 家
3 屋
4 店

181 お客さんが 来るから、まどガラスを _____。

1 みがきましょう
2 せんたくしましょう
3 かたづけましょう
4 けしましょう

182 この ネクタイは 妻が _____。

1 作って あげました
2 作って くださいました
3 作って くれました
4 作って やりました

정답

180 **4** あの <u>店</u>で 飲み物を 買いましょう。

저 가게에서 음료수를 삽시다.

문자

飲	の (-む) : 飲む 마시다 · 飲み物 음료수
物	ブツ : 動物 동물
	モツ : 荷物 화물 / 짐
	もの : 物 물건 · 食べ物 음식물
買	か (-う) : 買う 사다 · 買い物する 쇼핑하다

181 **1** お客さんが 来るから、窓ガラスを <u>磨きましょう</u>。

손님이 오니까 유리창을 닦읍시다.

어휘

みがく	◆ 靴を 磨く 구두를 닦다
せんたくする	洗濯する 세탁하다
かたづける	◆ 部屋を 片付ける 방을 치우다
	*掃除する 청소하다

182 **3** この ネクタイは 妻が <u>作って くれました</u>。

이 넥타이는 마누라가 만들어 주었습니다.

문법

경어
V て くれる → **V て くださる** (주다→주시다)
V て もらう → **V て いただく** (받다→받습니다)
V て あげる → **V て さしあげる** (주다→드리다)

*가족이나 친척에게는 일반적으로 경어는 사용하지 않는다.

문제

183 社長は 京都へ 行きました。

1 きょうと
2 きょうど
3 きゅうと
4 きゅうど

20 □□□

184 この プールは、まん中が いちばん ＿＿＿＿
から、気を つけて ください。

1 とおい
2 あさい
3 ふかい
4 あんぜん

20 □□□

185 きのう、田中さんの お父さんに 食事に 連れて
いって ＿＿＿＿。

1 あげました
2 くださいました
3 さしあげました
4 いただきました

20 □□□

정답

183 1 社長は **京都**へ 行きました。
しゃちょう きょうと い

사장님은 교토에 갔습니다.

문자

京	キョウ：京都 교토
都	ト：東京都 도쿄도・京都 교토
	ツ：都合がいい 사정이 좋다

184 3 この プールは、真ん中が いちばん **深い**から、気を 付けて ください。
ま なか ふか き つ

이 수영장은 중앙이 가장 깊으므로 주의해 주십시오.

어휘

ふかい	深い 깊다
あさい	浅い 얕다 ⇔ 深い 깊다
あんぜんな	安全な 안전한 ⇔ 危険な 위험한

185 4 昨日、田中さんの お父さんに 食事に 連れて いって **いただきました**。
きのう たなか とう しょくじ つ

어제 다나카 씨의 아버지께서 식사에 데려가 주었습니다.

문법

| Vて いただく | ◆ 先生に 教えて いただきました。 |
| | せんせい おし |

선생님에게 가르쳐 받았습니다.

| Vて くださる | ◆ 先生が 教えて くださいました。 |
| | せんせい おし |

선생님이 가르쳐 주셨습니다.

| Vて さしあげる | ◆ 先生に 地図を 描いて 差し上げました。 |
| | せんせい ちず か さ あ |

선생님에게 지도를 그려 드렸습니다.

문제

5일째 제**2**주

186 この へんは 古い <u>建物</u>が 多い。

1 たでもの
2 だてもの
3 たてもの
4 けんぶつ

문자

21 □□□

187 さあ、ピアノに 合(あ)わせて 大(おお)きな 声(こえ)で ＿＿＿＿＿。

1 つくりましょう
2 だしましょう
3 おどりましょう
4 うたいましょう

어휘

21 □□□

188 私(わたし)は、来週(らいしゅう) カナダへ ＿＿＿＿＿ と 思(おも)って います。

1 帰(かえ)ろう
2 帰(かえ)りましょう
3 帰(かえ)る
4 帰(かえ)ります

문법

21 □□□

정답

186 **3** このへんは 古い <u>建物</u>が 多い。

이 부근에는 낡은 건물이 많다.

문자

古	ふる (-い) : 古い 낡다
建	た (-てる) : 建てる 세우다・建物 건물 九階建て 9층 건물
多	おお (-い) : 多い 많다

187 **4** さあ、ピアノに 合わせて 大きな 声で <u>歌いましょう</u>。

OK 大きな 声を 出しましょう

자, 피아노에 맞추어 큰 소리로 노래합시다.

어휘

うたう	歌う 노래하다
つくる	作る 만들다
おどる	踊る 춤추다

188 **1** 私 は、来週 カナダへ <u>帰ろう</u>と 思って います。

나는 다음주에 캐나다로 돌아갈 생각입니다.

문법

| V ようと おもう | V 하려고 생각하다 |

◆ 私は 医者に なろうと 思います。 나는 의사가 되려고 생각합니다.

| ~と おもう | ~라고 생각하다 |

◆ 田中さんは もう 帰ったと 思います。
다나카 씨는 이미 돌아갔다고 생각합니다.

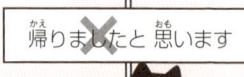

문제

5 일째　제**2**주

189 いっしょに ひるご飯を 食べませんか。

1　晩
2　夕
3　昼
4　夜

문자

22 □□□

190 A「この トマト、どこで 買ったの？」
　　 B「駅前の ＿＿＿＿＿＿ さん。」

1　さかや
2　やおや
3　さかなや
4　やさいや

어휘

22 □□□

191 田中さんは、仕事が 忙しいので パーティーには 行けない ＿＿＿＿＿＿。

1　って 言ってたよ
2　ってと 言ってたよ
3　のを 言ってたよ
4　との 言ってたよ

문법

22 □□□

정답

189 **3** いっしょに <u>昼ご飯を</u> 食べませんか。

함께 점심을 먹지 않을래요?

문자

| 昼 | **チュウ**: 昼食 점심
| | **ひる**: 昼 낮・昼間 주간 / 낮
| 飯 | **ハン**: ご飯 ① 밥 ② 식사
| | 朝ご飯 조식・昼ご飯 중식・夕飯 석식・晩ご飯 저녁밥

---

190 **2** A 「この トマト、どこで 買ったの？」

B 「駅前の <u>八百屋</u>さん。」

A「이 토마토 어디서 샀니?」 B「역전의 야채가게」

어휘

やおや	八百屋 야채가게
さかなや	魚屋 생선가게
さかや	酒屋 술가게

---

191 **1** 田中さんは、仕事が 忙しいので パーティーには 行けない <u>って 言ってたよ</u>。

OK と 言って (い) る

다나카 씨는 일이 바빠서 파티에는 갈 수 없다고 말했어.

문법

| ～という | ～っていう | ~라고 말하다

◆ 友だちは みんな 私の 兄は <u>かっこいいと 言います</u>。

친구들은 모두 나의 형이 멋지다고 말합니다.

◆ 田中さんは お肉が <u>嫌いだって 言って (い) ましたよ</u>。

다나카 씨는 고기를 싫어한다고 말하던데요.

문제

5일째 **제2주**

192 学生の ころ、東京に <u>住んで</u> いました。

1 つんで
2 すんで
3 そんで
4 しんで

문자

23 □□□

193 庭に 木を もう 一本 _____。

1 うえました
2 きりました
3 とりました
4 かざりました

어휘

23 □□□

194 ときどき _____ が 食べたくなります。

1 母は 作った 料理
2 母に 作ったの 料理
3 母の 作った 料理
4 母が 作ったの 料理

문법

23 □□□

정답

192 **2** 学生の ころ、東京に 住んで いました。

학생 때 도쿄에 살고 있었습니다.

 문자

| 東 | トウ：東京 도쿄
| | ひがし：東 동쪽
| 住 | ジュウ：住所 주소
| | す(-む)：住む 살다

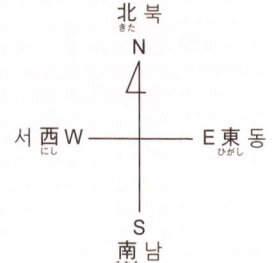

---

193 **1** 庭に 木を もう 一本 植えました。

정원에 나무를 한 그루 더 심었습니다.

 어휘

| うえる | ◆ 木を 植える 나무를 심다
| きる | ◆ 木を 切る 나무를 자르다
| かざる | ◆ 花を 飾る 꽃을 장식하다

---

194 **3** ときどき 母の 作った 料理が 食べたくなります。

OK 母が 作った 料理

때때로 어머니가 만든 요리가 먹고 싶어집니다.

 문법

《명사의 수식》

◆ これは 昨日 買った 卵です。

　이것은 어제 산 달걀입니다.

◆ 私は 象が 鼻で 描いた 絵を 持って います。

　나는 코끼리가 코로 그린 그림을 가지고 있습니다.

문제

195 <u>ふゆ</u>休みに 山へ 行きます。

1 秋
2 春
3 夏
4 冬

문자

24 □□□

196 家から 駅まで 約 300 _____ です。

1 メートル
2 センチ
3 グラム
4 キロ

어휘

24 □□□

197 私は _____ とき パジャマを 着ます。

1 ねた
2 ねている
3 ねる
4 ねられた

문법

24 □□□

정답

195 **4** <u>冬休み</u>に 山へ 行きます。
겨울 휴가에 산에 갑니다.

冬	ふゆ : 冬 겨울・冬休み 겨울 휴가
山	サン : 富士山 후지산
	やま : 山 산

196 **1** 家から 駅まで 約 300 **メートル**です。
집에서 역까지 약 300 미터입니다.

メートル	=m
センチ	=cm
グラム	=g
キロ	=km/kg

◆ 3 **キロ** 歩いた。 3 키로 걸었다.
◆ 3 **キロ** 太った。 3 키로 살쪘다.

197 **3** 私は <u>寝る</u> とき パジャマを 着ます。
나는 잠 잘 때 파자마를 입습니다.

V るとき V 할 때

◆ 会社に <u>行くとき</u>、スーツを 着ます。
회사에 갈 때 양복을 입습니다.

V たとき V 한 때

◆ 東京に <u>行ったとき</u>、パソコンを 買おうと 思います。
도쿄에 갈 때 PC를 사려고 생각합니다.

문제

5일째 제**2**주

198 あの 道は 今、水道の <u>工事</u>を して います。

1 こおじ
2 こうじ
3 くうじ
4 こんじ

문자

25 □□□

199 A「じゃ、また 明日。」
B「_____。」

1 ただいま
2 おかげさまで
3 あとで
4 おやすみなさい

어휘

25 □□□

200 朝、学校に _____、お弁当を 買って きました。

1 来た 前に
2 来る 前に
3 来る 後で
4 来た 後で

문법

25 □□□

정답

198 **2** あの 道は 今、水道の **工事**を して います。
저 길은 지금 수도 공사를 하고 있습니다.

道	ドウ：柔道 유도・水道 수도・道具 도구
	みち：道 길
事	ジ：食事 식사・用事 볼 일/용건
	こと：仕事 일

문자

199 **4** A「じゃ、また 明日。」
B「**おやすみなさい**。」

A「그럼, 내일 또 봐.」 B「안녕히 주무십시오.」

| **おやすみなさい** | 안녕히 주무십시오. |
| **おかげさまで** | 덕분에 |

어휘

♦ A「お元気ですか。」
  B「**おかげさまで** とても 元気です。」
  A「건강하십니까?」
  B「덕분에 매우 건강합니다.」

200 **2** 朝、学校に **来る 前に**、お弁当を 買って きました。
아침, 학교에 오기 전에 도시락을 사 왔습니다.

| **V る まえ (に)** | V 하기 전에 |

♦ 寝る 前(に) 必ず 歯を 磨きます。
  잠자기 전에 반드시 이를 닦습니다.

| **V た あと (で)** | V 한 다음 |

♦ ご飯を 食べた 後(で) 必ず 歯を 磨きます。
  밥을 먹은 후 반드시 이를 닦습니다.

문법

来た 前に
来る 後で
言わない！

201 およいだら、耳に 水が 入った。

1 いった
2 はいった
3 へいった
4 へえった

문자

202 スーツケースから くつを ＿＿＿＿＿＿。

1 はきました
2 だしました
3 いれました
4 みせました

어휘

203 家を ＿＿＿＿＿＿、一生懸命 働いて います。

1 買おうから
2 買う 前に
3 買う ときに
4 買う ために

문법

정답

201 **2** 泳いだら、耳に 水が **入った**。

수영을 했더니 귀에 물이 들어갔다.

문자

| 耳 | みみ : 耳 귀
| 水 | スイ : 水曜日 수요일・水泳 수영・水道 수도
| | みず : 水 물
| 入 | ニュウ : 入学する 입학하다
| | 入院する 입원하다
| | い (-る) : 入り口 입구
| | い (-れる) : 入れる 넣다   はい (-る) : 入る 들어가다

202 **2** スーツケースから 靴を **出しました**。

여행 가방에서 구두를 꺼냈습니다.

어휘

| だす | AからBを **出す** A에서 B를 꺼내다
| いれる | AにBを **入れる** A에 B를 넣다
| みせる | AにBを **見せる** A에게 B를 보여주다

203 **4** 家を **買う ために**、一生懸命 働いて います。

집을 사기 위해 열심히 일하고 있습니다.

문법

~ために   ~ 위해 *목적을 나타내다

◆ 旅行に 行く ために、貯金します。
  여행을 가기 위해 저금합니다.

◆ 旅行の ために 新しい カメラを 買う。
  여행을 위해서 새 카메라를 사다.

문제

6 일째　제**2**주

204 白い 洋服を <u>きて いる</u> 人は だれですか。

1　着て いる
2　切て いる
3　来て いる
4　気て いる

27 ☐☐☐

205 台風で 庭の 木が ＿＿＿＿＿ しまった。

1　こわれて
2　ふんで
3　にげて
4　おれて

27 ☐☐☐

206 事故で 電車が おくれた ＿＿＿＿＿、会議に 間に合わなかった。

1　とき
2　ため
3　あとで
4　からで

27 ☐☐☐

정답

204 **1** 白い 洋服を <u>着て いる</u> 人は だれですか。
하얀 양복을 입고 있는 사람은 누구입니까?

洋	ヨウ : 西洋 서양・洋服 양복
服	フク : 服 옷
着	き (-る) : 着る 입다・着物 기모노
	つ (-く) : 着く 도착하다

205 **4** 台風で 庭の 木が <u>折れて</u> しまった。
태풍으로 정원의 나무가 꺾어져 버렸습니다.

おれる	折れる 꺾어지다 / 부러지다
こわれる	壊れる 깨지다 / 파괴되다
ふむ	踏む 밟다
にげる	逃げる 도망가다

206 **2** 事故で 電車が 遅れた<u>ため</u>、会議に 間に合わなかった。
사고로 전철이 늦어져서 회의에 맞추지 못했다.

~ため(に) ~해서 / ~때문에 *원인을 나타내다

◆ <u>病気に なったため</u>、旅行に 行けなかった。
병을 앓게 되어 여행을 가지 못했다.

◆ 台風の <u>ために</u>、飛行機が 遅れた。
태풍 때문에 비행기가 지연되었다.

문제

6 일째 　제**2**주

207 金曜日の 夜 九時から、テレビを 見ます。

1　ひる
2　ゆる
3　よる
4　やる

문자

28 ☐☐☐

208 分からない ところを 先生に ＿＿＿＿＿ した。

1　もんだい
2　ふくしゅう
3　れんしゅう
4　しつもん

어휘

28 ☐☐☐

209 今日は、遊びに 行けません。たくさん 宿題が ある ＿＿＿＿＿ 。

1　からです
2　はずです
3　つもりです
4　ところです

문법

28 ☐☐☐

정답

207 3 金曜日の <u>夜</u> 九時から、テレビを 見ます。
금요일 밤 9시부터 TV를 봅니다.

金	キン：金曜日 금요일
	かね：お金 돈・お金持ち 부자
夜	ヤ：今夜 오늘밤
	よる：夜 밤
九	キュウ：九分 9분　ク：九時 9시
	ここの：九日 9일　ここの(-つ)：九つ 9개

208 4 分からない ところを 先生に <u>質問</u>した。
모르는 점을 선생님께 질문했다.

しつもんする	質問する 질문하다
ふくしゅうする	復習する 복습하다 ⇔ 予習する 예습하다
れんしゅうする	練習する 연습하다

209 1 今日は、遊びに 行けません。 たくさん 宿題が ある<u>からです</u>。
오늘은 놀러갈 수 없습니다. 숙제가 많기 때문입니다.

| ～からです | ~ 때문입니다. |

◆ 今は 運転が できません。 お酒を <u>飲んだからです</u>。
지금은 운전할 수 없습니다. 술을 마셨기 때문입니다.

◆ A「どうして 行かないの？」
B「<u>行きたくないからです</u>。」
A「왜 가지 않니?」 B「가고 싶지 않기 때문입니다.」

문제

210 右と 左を よく 見て、<u>みち</u>を わたろう。

1 道
2 町
3 進
4 歩

211 早く 帰って、明日の 旅行の ＿＿＿＿＿ を しなきゃ。

1 あんない
2 かんけい
3 よてい
4 したく

212 A「リンさん、このごろ 来ないね。」
　　B「え？ 彼女、＿＿＿＿＿、知らないの？」

1 帰国したの こと
2 帰国した こと
3 帰国したと いうの こと
4 帰国したと いうのが

정답

210 **1** 右と 左を よく 見て、道を 渡ろう。
좌우를 잘 보고 길을 건너자.

문자

右	**みぎ**: 右 우
左	**ひだり**: 左 좌
道	**ドウ**: 柔道 유도・水道 수도・道具 도구
	みち: 道 길

211 **4** 早く 帰って、明日の 旅行の 支度を しなきゃ。
빨리 돌아가서 내일의 여행 준비를 해야지.

어휘

したく	支度 준비 (＝用意／準備)
よてい	予定 예정
かんけい	関係 관계
あんないする	案内する 안내하다

212 **2** A「リンさん、このごろ 来ないね。」

B「え？彼女、**帰国した こと**、知らないの？」 **OK** ということ

A「린씨, 요즘 안 오네요.」 B「아니? 그녀가 귀국한 것을 모르니?」

문법

～こと ～것/일

◆ 私の 趣味は 映画を 見る **こと**です。
나의 취미는 영화를 보는 것입니다.

◆ 彼が 学校を やめた **こと**を だれも 知りませんでした。
그가 학교를 그만 둔 것을 아무도 몰랐습니다.

문제

213 楽しい 時間は 短いです。

1 みちかい
2 みじかい
3 まちかい
4 まじかい

30 ☐☐☐

214 さあ、おさらを 出して。 おはしも ちゃんと _____ ね。

1 ならべて
2 ならんで
3 ならって
4 ならして

30 ☐☐☐

215 まだ テレビを 見て いるの？ 早く _____ 。

1 寝ろう
2 寝てやろう
3 寝なさい
4 寝てなさい

30 ☐☐☐

정답

213 **2** 楽しい 時間は 短いです。

즐거운 시간은 짧습니다.

楽	**ガク** : 音楽 음악
	たの (-しい/-しむ) : 楽しい 즐겁다・楽しむ 즐기다
短	**みじか** (-い) : 短い 짧다

문자

---

214 **1** さあ、お皿を 出して。 おはしも ちゃんと 並べてね。

자, 접시를 꺼내세요. 젓가락도 바르게 놓으세요.

ならべる	~を 並べる ~를 늘어 놓다 / 나열하다
ならぶ	◆ 並んで チケットを 買う 줄서서 티켓을 사다
ならう	習う 배우다
ならす	◆ ベルを 鳴らす 벨을 울리다 (누르다)

어휘

---

215 **3** まだ テレビを 見て いるの？ 早く 寝なさい。

아직 TV를 보고 있니? 빨리 자거라.

Vなさい	＊어린이나 학생에게 자주 사용한다.

- ◆ 部屋を 掃除しなさい。 방을 청소하세요.
- ◆ テレビを 消しなさい。 TV를 끄세요.
- ◆ もっと 早く 来なさい。 더 빨리 오세요.

문법

7일째 **제2주**

216 毎日、八百屋で 買い物を します。→ 141

1 よおや　　　2 やおや

1 □□□

217 日本語は まだ へたです。→ 147

1 手下　　　2 下手

2 □□□

218 ＿＿＿＿、いらっしゃいますか。→ 160

1 ご主人　　　2 お主人

1 □□□

219 今日は、強い 風が ＿＿＿＿ そうです。→ 163

1 はく　　　2 ふく

2 □□□

220 友だちに 田中さんの 電話番号を 教えて ＿＿＿＿。→ 179

1 もらいました　　　2 くれました

1 □□□

221 洋服を ＿＿＿＿ デパートへ 行きました。→ 188

1 買う とき　　　2 買おうと 思って

2 □□□

문자 / 어휘 / 문법

문제

222 荷物は ここに おいて ください。→ 180

　1 にもの　　　　2 にもつ

3 □□□

223 お金が たりない。→ 150

　1 足りない　　　2 手りない

4 □□□

224 あの 橋を ＿＿＿＿ と 海が 見えます。→ 133

　1 つたえる　　　2 わたる

3 □□□

225 せんたく機が ＿＿＿＿ から、せんたくできない。→ 205

　1 こわれた　　　2 こわした

4 □□□

226 あの 人の 話は、うそ ＿＿＿＿ だから、信じないで。→ 137

　1 だけ　　　　　2 ばかり

3 □□□

227 私は、お酒は ビールしか ＿＿＿＿ です。→ 128

　1 飲めないん　　2 飲むん

4 □□□

7일째 제2주

228 パーティーは 楽しかったです。→ 213
　1　たのしかった　　2　うれしかった

229 あの 店員さんは しんせつです。→ 171
　1　親切　　2　新切

230 ここに ＿＿＿＿ すわりましょう。→ 214
　1　ならんで　　2　やすんで

231 へやに 花を ＿＿＿＿。→ 193
　1　うえましょう　　2　かざりましょう

232 今日も 寒かったけれど、昨日 ＿＿＿＿ じゃ なかったね。→ 152
　1　より　　2　ほど

233 ＿＿＿＿ 時間が あるから、ゆっくりしよう。→ 155
　1　まだ　　2　もう

앞 페이지 정답　**222** 2　**223** 1　**224** 2　**225** 1　**226** 2　**227** 1

문자 / 어휘 / 문법

문제

234 今夜は 月が きれいです。→ 207

　1　こんや　　　　　2　こんばん

235 来月の はつかに 国へ 帰ります。→ 126

　1　二日　　　　　　2　二十日

236 教科書を わすれたので、となりの 人に ＿＿＿＿＿＿ もらった。→ 202

　1　かえして　　　　2　みせて

237 もうすぐ お客さんが 来るから、テーブルの 上を ＿＿＿＿＿＿ ください。→ 181

　1　かたづけて　　　2　さわって

238 くだものの 中で、＿＿＿＿＿＿ が いちばん 好きですか。→ 149

　1　なに　　　　　　2　どっち

239 うるさいよ。静か ＿＿＿＿＿＿。→ 173

　1　になって　　　　2　にして

앞 페이지 정답　228 1　229 1　230 1　231 2　232 2　233 1

7일째 제2주

240 去年の 九月 <u>九日</u>に 日本へ 来ました。
1 ここのか　　　2 くにち

241 <u>りょこう</u>会社で 働いて います。
1 族行　　　2 旅行

242 明日の 朝、早く ＿＿＿＿＿ さんぽしましょう。
1 おきて　　　2 さめて

243 この 川は ＿＿＿＿＿ ですが、およぐのは 危険です。
1 ふかい　　　2 あさい

244 試験に 受かったよ。＿＿＿＿＿ 勉強しなかったのに。
1 どんなに　　　2 そんなに

245 おなかが すいたね。ラーメン ＿＿＿＿＿ 食べようか。
1 のほう　　　2 でも

앞 페이지 정답　234 1　235 2　236 2　237 1　238 1　239 2

문제

246 ご都合が よければ 明日 お会いしたいのですが。
1 とごう　　　　2 つごう

247 ひとりで きものが きられますか。
1 着物　　　　2 果物

248 食事の ＿＿＿＿＿ が できましたよ。
1 したく　　　　2 よてい

249 そこ ガラスが 落ちて いるから ＿＿＿＿＿。
1 ふまないで　　　　2 にげないで

250 おふろに ＿＿＿＿＿ 後で いつも ビールを 飲みます。
1 入る　　　　2 入った

제 3 주

	1~6일째	7일째 (복습)
1회차	/ 30 문제	/ 12 문제
2회차	/ 30 문제	/ 12 문제
3회차	/ 30 문제	/ 12 문제

 문자

- 6일째까지 마친 후 정답 수를 세어 기록합시다.
- 정답 수가 적은 분야가 있으면 다시 한 번 푼 후에 7일째로 나아갑시다.
- 7일째는 복습입니다. 다 마친 후 정답 수를 적고, 학습 효과를 확인합시다.

	1~6일째	7일째 (복습)
1회차	/ 30 문제	/ 12 문제
2회차	/ 30 문제	/ 12 문제
3회차	/ 30 문제	/ 12 문제

 어휘

	1~6일째	7일째 (복습)
1회차	/ 30 문제	/ 11 문제
2회차	/ 30 문제	/ 11 문제
3회차	/ 30 문제	/ 11 문제

 문법

앞 페이지 정답   246 ② 247 ① 248 ① 249 ① 250 ②

_____ のことばに対し、ひらがなは漢字に、漢字はひらがなに直して、正しいものを選択肢から選びなさい。

_____ 의 단어에 대해 히라가나는 한자로, 한자는 히라가나로 고치고 바른 것을 선택지에서 고르시오.

_____ のところに何を入れますか。いちばんいいものを選択肢から一つ選びなさい。

_____ 에 무엇을 넣으면 좋은지 가장 적당한 것을 선택지에서 하나 고르시오.

_____ のところに何を入れますか。いちばんいいものを選択肢から一つ選びなさい。

_____ 에 무엇을 넣으면 좋은지 가장 적당한 것을 선택지에서 하나 고르시오.

문제

251 日本の 映画が 好きです。

1 えが
2 かいが
3 えいが
4 ようが

1 ☐☐☐

252 A「もう 1ぱい いかがですか。」
B「もう _____ です。」

1 おおい
2 けっこう
3 だいぶ
4 ずいぶん

1 ☐☐☐

253 休みの 日は、音楽を a_____ 本を b_____ して います。

1 a. 聞くし   b. 読むし
2 a. 聞くや   b. 読むや
3 a. 聞いて   b. 読んで
4 a. 聞いたり b. 読んだり

1 ☐☐☐

정답

251 **3** 日本の 映画が 好きです。
일본 영화를 좋아합니다.

| 映 | エイ：映画 영화・映画館 영화관
| 画 | ガ：漫画 만화
| | カク：計画する 계획하다
| 好 | す (-き)：好きな 좋아하는・大好きな 매우 좋아하는

252 **2** A「もう 1杯 いかがですか。」
B「もう 結構です。」 OK もう いいです

A「한 잔 더 어떠세요?」
B「이제 됐습니다.」

けっこうです ◆ 結構です。
① 됐습니다. ② 필요 없습니다.

253 **4** 休みの 日は、音楽を a 聞いたり 本を b 読んだり して います。
휴일에는 음악을 듣기도 하고 책을 읽기도 합니다.

V₁ たり V₂ たりする   V₁ 하기도 하고 V₂ 하기도 하다

◆ パーティーで 飲んだり 食べたりしました。
파티에서 마시기도 하고 먹기도 했습니다.

◆ ここから、電車が 行ったり 来たりして いるのが 見えます。
여기에서 전철이 가고 오고 하는 것이 보입니다.

문제

1일째 **제3주**

254 この 店は 日曜日 以外は <u>あいて</u> います。

1 開いて
2 動いて
3 会いて
4 業いて

문자

2 □□□

255 A「乾杯しましょう。田中さん、ビールで いいですか。」
B「すみません。私、_____が 飲めないんです。」

1 おさけ　　　2 ワイン
3 にほんしゅ　4 ウイスキー

어휘

2 □□□

256 赤ちゃんが 急に _____。

1 泣き出した
2 泣き出た
3 泣き始まった
4 泣きすぎた

문법

2 □□□

149

정답

254 **1** この 店は 日曜日 以外は <u>開いて</u> います。

이 가게는 일요일 이외에는 열려 있습니다.

문자

| 以 | **イ**: 以下 이하
以上 이상・以外 이외 |
| 外 | **ガイ**: 外国 외국
外国人 외국인
そと: 外 외 |
| 開 | **あ** (-く/-ける): 開く 열다・開ける 열리다
ひら (-く): 開く 열다 |

255 **1** A「乾杯しましょう。 田中さん、ビールで いいですか。」
B「すみません。 私、**お酒**が 飲めないんです。」

A「건배합시다. 다나카 씨, 맥주는 어떠세요?」
B「미안합니다. 저, 술을 못마십니다.」

어휘

| (お)さけ | (お)酒 ①일본술 ②술 |
| にほんしゅ | 日本酒 일본술 |

256 **1** 赤ちゃんが 急に <u>泣き出した</u>。　**OK** 泣き始めた

아기가 갑자기 울기 시작했다.

문법

| Vだす | V 하기 시작하다 (= Vはじめる) *Vますだす |

◆ 雨が 降り出した。
비가 내리기 시작했다.

◆ 赤ちゃんは、1歳ごろから 歩き出します。
아기는 1살 정도부터 걷기 시작합니다.

문제

1 일째　제 **3** 주

257 この 時計は 5分 進んで います。

1　とけえ
2　とけい
3　とかい
4　ときい

3 □□□

258 はい、試験を 始めます。よく _____ から 答えを 書いて ください。

1　おもって
2　しらせて
3　ならって
4　かんがえて

3 □□□

259 英語を 習い _____ 、もう 10年に なります。

1　始まってから
2　始まりから
3　始めてから
4　始めるから

3 □□□

정답

257 **2** この **時計**は 5分 進んで います。

이 시계는 5 분 빠릅니다.

計 ケイ：時計 시계・計画する 계획하다
進 すす (-む/-める)：進む 나아가다 / 진출하다・進める 진행하다

258 **4** はい、試験を 始めます。 よく **考えて**から 答えを 書いて ください。

자, 시험을 시작합니다. 잘 생각하여 답을 써 주십시오.

かんがえる	考える 생각하다
おもう	思う 생각하다
しらせる	知らせる 알리다
ならう	習う 배우다

259 **3** 英語を 習い **始めてから**、もう 10年に なります。

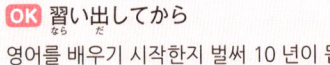
OK 習い出してから

영어를 배우기 시작한지 벌써 10 년이 됩니다.

| Vはじめる | V 시작하다 ＊V ~~ます~~はじめる |
| Vおわる | V 끝내다 ＊V ~~ます~~おわる |

◆ ご飯を 食べ**終わる**まで、そこで 待ってて ください。

밥을 다 먹을 때까지 그 곳에서 기다려 주십시오.

152

문제

1 일째　**제 3 주**

260 駅の にしぐちで 三時に 会おう。

　　1　東口
　　2　北口
　　3　南口
　　4　西口

문자

4 ☐☐☐

261 お待ちして いました。どうぞ、＿＿＿＿＿＿。

　　1　あっちへ
　　2　こちらへ
　　3　どちらへ
　　4　どなたへ

어휘

4 ☐☐☐

262 この 問題は ＿＿＿＿＿＿ すぎて、だれも 答える ことが できない。

　　1　むずかし
　　2　むずかしい
　　3　むずかしく
　　4　むずかしくて

문법

4 ☐☐☐

정답

260 **4** 駅の **西口**で 三時に 会おう。

역의 서쪽 출구에서 3시에 만나자.

西 セイ : 西洋 서양
にし : 西 서쪽・西口 서쪽 출구

三 サン : 三月 3월
み : 三日 3일
みっ (-つ) : 三つ 3개

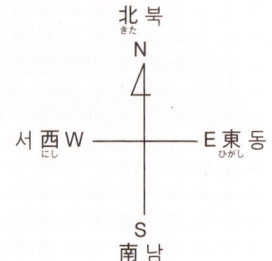

261 **2** お待ちして いました。 どうぞ、**こちらへ**。

기다리고 있었습니다. 이쪽으로 오십시오.

《정중어》

こちら 「こっち」의 정중어
どちら 「どっち」의 정중어
どなた 「だれ」의 정중어

262 **1** この 問題は **難し**すぎて、だれも 答える ことが できない。

이 문제는 너무 어려워서 아무도 답할 수 없다.

~すぎる ~ 지나치다 / 너무 ~ 하다

◆ 昨日 お酒を 飲み**すぎた**。어제 술을 너무 마셨다.

◆ ここは、静か**すぎて**、ちょっと 寂しい。
여기는 너무 조용하여 약간 적적하다.

静かすぎる
言わない!

문제

1일째 **제3주**

263 つめたい 水で 顔を <u>洗う</u>と 気持ちが いい。

1 はらう
2 あらう
3 わらう
4 ふるう

문자

5 □□□

264 A「今度 _____ んですよ。」
B「そうですか。どちらの ほうへ？」

1 けっこんする
2 そつぎょうする
3 ひっこす
4 うまれる

어휘

5 □□□

265 A「休みの 日は 何を して いるの？」
B「DVDを _____。」

1 見たりして います
2 見すぎます
3 見ようと します
4 見ながら して います

문법

5 □□□

정답

263 **2** 冷たい 水で 顔を **洗う**と 気持ちが いい。

찬 물로 얼굴을 씻으면 기분이 좋다.

顔	かお : 顔 얼굴
洗	セン : 洗濯する 세탁하다
	あら (-う) : 洗う 씻다・お手洗い 화장실
持	も (-つ) : 持つ 들다 / 가지다
	気持ち 기분
	お金持ち 부자

---

264 **3** A「今度 **引っ越す**んですよ。」
B「そうですか。 どちらの ほうへ？」

A「이번에 이사해요.」 B「그러세요. 어느 쪽으로?」

ひっこす	引っ越す 이사하다
うまれる	◆ 赤ちゃんが 生まれる 아기가 태어나다
	＊ 子供を 産む 아이를 낳다

---

265 **1** A「休みの 日は 何を して いるの？」
B「DVD を **見たりして います**。」

A「휴일에는 무엇을 하고 있지?」 B「DVD를 보거나 합니다.」

| V たりする | V 하기도 하다 (= V 등을 하다) |

◆ ろうかを **走ったりして**は いけません。

복도를 달리거나 해서는 안됩니다.

◆ 私は あの人に 電話**したりする**のも いやです。

나는 저 사람에게 전화하거나 하는 것도 싫습니다.

문제

2 일째　제 **3** 주

266 今、食堂は こんで います。

1　しょくとう
2　しゅくとう
3　しょくどう
4　しゅくどう

문자

6 □□□

267 昨日 勉強したのに、もう _____。

1　わすれちゃった
2　おもっちゃった
3　おぼえちゃった
4　わかっちゃった

어휘

6 □□□

268 この 薬を 一週間 _____ ください。

1　飲みはじめて
2　飲みすぎて
3　飲みつづけて
4　飲みおわって

문법

6 □□□

정답

266 **3** 今、<u>食堂</u>は 混んで います。
지금 식당은 붐비고 있습니다.

食 ショク：食事 식사・食料 식료
　た (-べる)：食べる 먹다・食べ物 음식물
堂 ドウ：食堂 식당・講堂 강당

문자

267 **1** 昨日 勉強したのに、もう <u>忘れちゃった</u>。
어제 공부했는데도 벌써 잊어버렸다.

＊忘れちゃった（＝忘れてしまった）

わすれる	忘れる 잊다
おもう	思う 생각하다
おぼえる	覚える 기억하다
わかる	分かる 알다

어휘

268 **3** この 薬を 一週間 <u>飲み続けて</u> ください。
이 약을 일주일간 계속 먹어 주십시오.

| Vつづける | V 계속하다　＊V~~ます~~つづける |

◆ ゲームを <u>し続けて</u>、頭が 痛く なりました。
　게임을 계속해서 머리가 아픕니다.

◆ 娘は、5時間も ピアノを <u>弾き続けて</u> います。
　딸은 5시간이나 피아노를 계속 치고 있습니다.

문법

문제

269 青森<u>けん</u>は　りんごが　有名です。

1　県
2　村
3　町
4　市

270 みんなの　前で　間違えて　とても　_____。

1　きらいだった
2　はずかしかった
3　きもちわるかった
4　さびしかった

271 おはしでは　ちょっと　_____　です。フォークを　くださいませんか。

1　食べながら
2　食べにくい
3　食べむずかしい
4　食べやすい

정답

269 1 青森県は りんごが 有名です。
あおもりけん　　　　　　ゆうめい

아오모리 현은 사과가 유명합니다.

青	**あお**: 青 청 **あお** (-い): 青い 푸르다
森	**もり**: 森 숲
県	**ケン**: 県 현

문자

---

270 2 みんなの 前で 間違えて とても **恥ずかしかった**。
　　　　　　まえ　まちが　　　　　　　は

여러 사람 앞에서 틀려서 매우 부끄러웠다.

はずかしい	**恥ずかしい** 부끄럽다
きもちわるい	**気持ち悪い** 기분이 나쁘다
さびしい	**寂しい** 외롭다

어휘

---

271 2 おはしでは ちょっと **食べにくい**です。 フォークを くださいませんか。
　　　　　　　　　　　　　た

젓가락으로는 좀 먹기 힘듭니다. 포크를 주시지 않겠습니까?

| Vにくい | V 하기 힘들다 *Vま<s>す</s>にくい |

　　◆ この ペンは とても **書きにくい**です。
　　　　　　　　　　　　　　か
　　　이 펜은 매우 쓰기가 힘듭니다.

| Vやすい | V 하기 쉽다 *Vま<s>す</s>やすい |

　　◆ この 電子辞書は **使いやすい**。
　　　　　　でんしじしょ　つか
　　　이 전자사전은 사용하기 쉽다.

문법

문제

272 昼間は 暑いですが、夕方は すずしいです。

1　ゆうがた
2　よがた
3　ようがた
4　ゆかた

문자

273 知らない ことばは 自分で 辞書を ＿＿＿＿＿＿＿。

1　おぼえましょう
2　みつけましょう
3　しらべましょう
4　ひきましょう

어휘

274 私 a＿＿＿＿＿＿　歯 b＿＿＿＿＿＿　いたいです。

1　a. は　　　b. が
2　a. が　　　b. が
3　a. の　　　b. は
4　a. は　　　b. の

문법

정답

272 1 昼間は 暑いですが、**夕方**は 涼しいです。

낮은 덥습니다만 저녁 때는 시원합니다.

暑	**あつ** (-い) : 暑い 덥다・蒸し暑い 무덥다
夕	**ゆう** : 夕飯 저녁식사・夕方 저녁때
方	**ホウ** : 両方 양쪽
	かた : あの方 저 분・夕方 저녁때

273 4 知らない 言葉は 自分で 辞書を **引きましょう**。

모르는 말은 스스로 사전을 찾읍시다.

ひく	◆ 辞書を 引く 사전을 찾다
しらべる	調べる 조사하다
みつける	見つける 찾다

274 1 私 a**は** 歯 b**が** 痛いです。

나는 이가 아픕니다.

N₁ は N₂ が~   N₁ 은 N₂ 가

◆ 東京は 道が 混んで います。 도쿄는 길이 붐빕니다.

◆ 私は 犬が 好きです。 나는 강아지를 좋아합니다.

◆ 弟は 背が 高いです。
남동생은 키가 큽니다.

弟の 背が 低いです。

言わない！

275 あなたの 言う ことは <u>ただしい</u>と 思います。

1 新しい
2 楽しい
3 正しい
4 真しい

276 私は 父に よく _____ と 言われます。

1 まちがえる
2 くらべる
3 にている
4 そだてる

277 一人も 来ないと 思って いましたが、5人 _____ 来ました。

1 で
2 や
3 も
4 と

정답

275 3 あなたの 言うことは <u>正しい</u>と 思います。

당신이 말하는 것은 옳다고 생각합니다.

문자

|正| **ショウ** : 正月 정월
ただ (-しい) : 正しい 바르다 / 옳다
|思| **おも** (-う) : 思う 생각하다 · 思い出す 생각해 내다

276 3 私は 父に よく <u>似ている</u>と 言われます。

나는 아버지를 많이 닮았다고 합니다.

어휘

にている	似ている 닮다
まちがえる	間違える 틀리다
くらべる	比べる 비교하다
そだてる	育てる 키우다

277 3 一人も 来ないと 思って いましたが、5人も 来ました。

한 사람도 안 올 것으로 생각하였습니다만 5명이나 왔습니다.

문법

| Nも | ＊ N = 시간·수량 등
＊ 많다는 의미

- 学校まで <u>2時間も</u> かかります。 학교까지 2시간이나 걸립니다.
- 昨日、<u>5時間も</u> 勉強しました。 어제 5시간이나 공부했습니다.

문제

278 私は いつも 土日に <u>洗濯</u>を します。

1 せんよう
2 せっだく
3 せんだく
4 せんたく

279 ぼくは、人(ひと)の _____ 仕事(しごと)が したいです。

1 たいせつな
2 まじめな
3 やくに たつ
4 うれしい

280 私(わたし)は、字(じ) a_____ 絵(え) b_____ 下手(へた)です。

1 a. や　　b. や
2 a. も　　b. も
3 a. と　　b. や
4 a. か　　b. も

정답

278 **4** 私は いつも 土日に 洗濯を します。

저는 언제나 토요일, 일요일에 세탁을 합니다.

| 土 | ド : 土曜日 토요일　＊お土産 선물 |
| 濯 | タク : 洗濯する 세탁하다 |

문자

279 **3** ぼくは、人の 役に 立つ 仕事が したいです。

저는 사람들의 도움이 되는 일을 하고 싶습니다.

やくにたつ	役に立つ 도움이 되다
たいせつな	大切な 중요한
まじめな	진지한 / 성실한

어휘

280 **2** 私は、字ₐも 絵ᵦも 下手です。

저는 글씨도 그림도 서툽니다.

문법

| N₁ も N₂ も | N₁ 도 N₂ 도 |

◆ 父は 土曜日も 日曜日も 働いて いる。
　아버지는 토요일도 일요일도 일하고 있다.

| N₁ か N₂ (か) | N₁ 인가 N₂ 인가 |

◆ 明日か あさって、伺います。
　내일이나 모레 찾아 뵙겠습니다.

문제

3일째 　제**3**주

281 あなたの 町は どんな <u>産業</u>が さかんですか。

1　せんぎゅう
2　せんぎょう
3　さんぎょう
4　ざんぎょう

문자

11 □□□

282 A「すみません。熱が あるので 今日は 休みます。」
　　　B「分かりました。ゆっくり _____ ください。」

1　やすんで
2　あそんで
3　とまって
4　たのしんで

어휘

11 □□□

283 私は、チョコレート _____ クッキー _____
甘い ものが 好きです。

1　と／と
2　とか／とか
3　か／か
4　ぐらい／ぐらい

문법

11 □□□

정답

281 **3** あなたの 町は どんな **産業**が さかんですか。

당신의 마을은 어떤 산업이 번창하고 있습니까?

| 産 | **サン** : 生産 생산・産業 산업 ＊お土産 선물 |
| 業 | **ギョウ** : 授業 수업・卒業 졸업
　　　　　工業 공업 |

---

282 **1** A「すみません。 熱が あるので 今日は 休みます。」
B「分かりました。 ゆっくり **休んで** ください。」

A「미안합니다. 열이 있으므로 오늘은 쉬겠습니다.」
B「알겠습니다. 푹 쉬십시오.」

やすむ	◆ 学校を **休む** 학교를 쉬다
	◆ 家で **休む** 집에서 쉬다
たのしむ	◆ 音楽を **楽しむ** 음악을 즐기다

---

283 **2** 私は、チョコレート**とか** クッキー**とか** 甘い ものが 好きです。

나는 초콜릿이라든가 쿠키와 같은 단 것을 좋아합니다.

| **N₁ とか N₂ (とか)** | N₁ 라든가 N₂(같은) |

◆ 私は、<u>テレビ**とか** DVD **とか**</u>は ほとんど 見ません。
나는 TV 라든가 DVD 는 거의 보지 않습니다.

| **N₁ や N₂ (など)** | N₁ 이나 N₂(등) |

◆ この 箱には、<u>時計**や** 指輪**や** ネックレス**など**</u>が 入って います。
이 상자에는 시계와 반지와 목걸이 등이 들어 있습니다.

문제

284 あの スーパーは 近いし、安いし、<u>しなもの</u>が いい。

1 品物
2 商品
3 売物
4 買物

285 このごろ、いそがしくて メールを ＿＿＿＿ して いません。

1 レポート
2 ノート
3 チェック
4 メモ

286 夏休みは 明日 ＿＿＿＿ 終わります。

1 より
2 も
3 から
4 で

정답

284 **1** あの スーパーは 近いし、安いし、**品物**が いい。

저 슈퍼마켓은 가깝고 싸고 물건이 좋다.

문자

| 近 | キン : 近所 근처・最近 최근
| ちか (-い) : 近い 가깝다・近く 근처 / 가까운 곳
| 安 | アン : 安全な 안전한・安心する 안심하다
| やす (-い) : 安い 싸다
| 品 | ヒン : 食料品 식료품
| しな : 品物 물건

285 **3** このごろ、パソコンの メールを **チェック**して いません。

요즘 컴퓨터 메일을 체크하지 않고 있습니다.

어휘

| チェック | ◆ チェックする 체크하다
| レポート | レポート 리포트
| ノート | 노트
| メモ | ◆ メモする 메모하다

286 **4** 夏休みは 明日**で** 終わります。

여름 휴가는 내일로 끝납니다.

문법

N で ＊ N = 시간・수량 등

◆ この りんごは <u>3個で</u> 500 円です。

이 사과는 3 개에 500 엔입니다.

◆ この 問題集は <u>全部で</u> 500 問あります。

이 문제집은 전부 합쳐서 500 문제 있습니다.

◆ <u>100 円で</u> この ペンを 買いました。

100 엔으로 이 펜을 샀습니다.

문제

287 手紙の 書き方を <u>教えて</u> ください。

1 かんがえて
2 おしえて
3 こたえて
4 きこえて

문자

288 私は いつも パンに ジャムを _____ 食べます。

1 ぬって
2 うつして
3 はこんで
4 つつんで

어휘

289 明日は 都合が 悪いんです。あさって _____ いいですか。

1 など
2 から
3 まで
4 でも

문법

정답

287 **2** 手紙の 書き方を <u>**教えて**</u> ください。

편지 쓰는 법을 가르쳐 주십시오.

문자

|紙| かみ：紙 종이・手紙 편지
|教| キョウ：教室 교실・教育 교육
　　　　　教会 교회
　　おし (-える)：教える 가르치다

---

288 **1** 私は いつも パンに ジャムを <u>**塗って**</u> 食べます。

OK ジャムを つけて

나는 언제나 빵에 잼을 발라서 먹습니다.

어휘

| ぬる | ◆ バターを 塗る 버터를 바르다
　　　　◆ 色を 塗る 색을 칠하다
| うつす | ◆ 席を 移す 자리를 옮기다
　　　　◆ 写真を 写す 사진을 찍다

---

289 **4** 明日は 都合が 悪いんです。 あさって<u>**でも**</u> いいですか。

내일은 사정이 안 좋습니다. 모레라도 좋습니까?

문법

| Nでも いい／かまわない | N 이라도 좋다 / 상관없다

◆ カードでも かまいませんか。 카드라도 상관없습니까?

| Nじゃ なくても いい／かまわない | N 이 아니라도 좋다 / 상관없다

◆ 今日じゃ なくても いいですか。 오늘이 아니라도 좋습니까?

문제

290 <u>くび</u>の 長い 動物は 何ですか。

1 頭
2 耳
3 目
4 首

291 A「だれかの 携帯が _____ いるよ。」
B「あ、私のだ。」

1 おとして
2 さわいで
3 かけて
4 なって

292 授業料、今日 _____ いいですが、明日、必ず お願いします。

1 はらっても
2 はらわなかった ほうが
3 はらわなくても
4 はらわなければ

정답

290 **4** 首の 長い 動物は 何ですか。
목이 긴 동물은 무엇입니까?

| 首 | くび : 首 목 |
| 頭 | あたま : 頭 머리 |

문자

---

291 **4** A「だれかの 携帯が 鳴って いるよ。」
B「あ、私のだ。」

A「누군가의 휴대폰이 울리고 있어요.」
B「아, 제 것 입니다.」

*携帯 (= 携帯電話)(= 휴대전화)

なる	鳴る 울리다
おとす	~を 落とす ~를 떨어뜨리다　*~が 落ちる ~이 떨어지다
さわぐ	騒ぐ 떠들다 / 시끄러워지다

어휘

---

292 **3** 授業料、今日 払わなくても いいですが、明日、必ず お願いします。
수업료는 오늘 납부하지 않아도 좋습니다만 내일 반드시 부탁합니다.

| V ても いい／かまわない | V 라도 좋다 / 상관없다 |

◆ 早く 帰っても いいですか。 빨리 돌아가도 좋습니까?

| V なくても いい／かまわない | V 아니라도 좋다 / 상관없다 |

◆ 今すぐに しなくても かまいませんよ。
지금 바로 하지 않아도 상관없어요.

문법

문제

293 お昼ごろから 天気が <u>悪く</u> なった。

1 くらく
2 さむく
3 わるく
4 おもく

294 すみません、土曜日は _____ が 悪いんですよ。

1 しごと
2 つごう
3 ばあい
4 やくそく

295 あんまり 時間が ないから、_____ いいでしょう。

1 走りほうが
2 走った ほうが
3 走って ほうが
4 走らないのが

정답

293 **3** お昼ごろから 天気が 悪くなった。

점심 무렵부터 날씨가 나빠졌다.

| 天 | テン：天気 날씨・天気予報 일기예보
| 悪 | わる(-い)：悪い 나쁘다

294 **2** すみません、土曜日は 都合が 悪いんですよ。

미안합니다. 토요일은 사정이 나쁜데요.

| つごう | ◆ 都合が いい 사정이 좋다
| ばあい | ◆ ～の 場合は ～의 경우는
| やくそく | ◆ 約束を する 약속을 하다

295 **2** あんまり 時間が ないから、走った ほうが いいでしょう。

그다지 시간이 없으므로 달리는 편이 좋겠지요.

| Vた ほうが いい | V 하는 편이 좋다

◆ 分からない ところは、先生に 聞いた ほうが いいです。
  모르는 부분은 선생님께 묻는 것이 좋습니다.

| Vない ほうが いい | V 하지 않는 편이 좋다

◆ そんな 危ない ところには、行かない ほうが いいよ。
  그런 위험한 곳에는 가지 않는 편이 좋아요.

문제

296 <u>急</u>に 大きい 音が して、びっくりした。

1 くうに
2 きゅうに
3 きょうに
4 いそぎに

297 かさが なかったので、雨に _____ 帰りました。

1 なれて
2 ふって
3 ぬれて
4 やんで

298 車に 乗る ときは、シートベルトを _____ 。

1 した ほうが いい
2 しなければ ならない
3 しないで よくない
4 しなくては よくない

정답

296 **2** <u>急に</u> 大きい 音がして、びっくりした。
갑자기 큰 소리가 나서 놀랐다.

急	**キュウ**：特急 특급・急行 급행
	急に 갑자기
	いそ(-ぐ)：急ぐ 서두르다
音	**オン**：音楽 음악・発音 발음
	おと：音 소리

297 **3** 傘が なかったので、雨に **ぬれて** 帰りました。
우산이 없었으므로 비를 맞고 돌아왔습니다.

| ぬれる | 젖다 ⇔ 乾く 마르다 |
| なれる | ～に 慣れる ～에 익숙해지다 |

　◆ 新しい 仕事に 慣れました。 새로운 일에 익숙해졌습니다.

298 **2** 車に 乗る ときは、シートベルトを **しなければ ならない**。
자동차에 탈 때에는 안전벨트를 하지 않으면 안됩니다.

| V なければ ならない | V なくては いけない | V ないと いけない |

V 하지 않으면 안된다

　◆ 日曜日も 会社に **行かなくては いけない**。
　　일요일에도 회사에 가지 않으면 안된다.

　◆ お客さんが 来るから、掃除**しなくちゃ**(**いけない**)。
　　손님이 오니까 청소를 해야지.

　◆ **勉強しないと いけない**。 공부하지 않으면 안된다.

문제

299 いい 病院を <u>しりませんか</u>。

1 知りませんか
2 和りませんか
3 分りませんか
4 有りませんか

300 A「この コーヒー、_____ よ。」
B「そう？ じゃ、もっと おさとうを 入れたら どう？」

1 にがい　　2 あまい
3 からい　　4 くらい

301 テスト中は 話を _____。

1 しては いけません
2 しなくても いいです
3 しなくちゃ いけません
4 した ほうが いけません

정답

299 **1** いい 病院を <u>知りませんか</u>。

좋은 병원을 모르십니까?

病	ビョウ：病院 병원・病気 병
院	イン：入院する 입원하다
	退院する 퇴원하다
	大学院 대학원
知	し(-る)：知る 알다・知らせる 알리다

300 **1** A「この コーヒー、<u>苦い</u>よ。」

　　 B「そう？ じゃ、もっと お砂糖を 入れたら どう？」

A「이 커피, 쓰다.」

B「그래？ 그럼 설탕을 더 넣으면 어때?」

にがい	苦い 쓰다
あまい	甘い 달다
からい	辛い 맵다

301 **1** テスト中は 話を <u>しては いけません</u>。

시험 중에는 말을 해서는 안 됩니다.

| Vては いけない | Vちゃ いけない | V 해서는 안되다 |

◆ ここで タバコを <u>吸っては いけません</u>。

여기에서 담배를 피워서는 안됩니다.

◆ そんな ことを <u>言っちゃ いけない</u>よ。

그런 말을 해서는 안되지요.

302 住所は えーっと、京都府 京都市 南区…。

1　ふ
2　こ
3　く
4　し

303 この はがきは 切手を _____ 必要が ありません。

1　つける
2　おく
3　やく
4　はる

304 A「ぼくの ケーキは？」
B「ごめんなさい、全部 _____ 。」

1　食べちゃってしまった
2　食べじゃった
3　食べてちゃった
4　食べちゃった

정답

302 **3** 住所は えーっと、京都府 京都市 南区…。

주소는 음, 교토부 교토시 미나미구…

문자

| 府 | フ：大阪府 오사카부・京都府 교토부
　　都道府県 도도부현
| 南 | みなみ：南 남・南口 남쪽 출구
| 区 | ク：区 구

303 **4** この はがきは 切手を <u>貼る</u> 必要が ありません。

이 엽서는 우표를 붙일 필요가 없습니다.

어휘

| はる | ◆ シールを **貼る** 실을 붙이다
| つける | ◆ ジャムを **つける** 잼을 바르다
| おく | ◆ コップを **置く** 컵을 놓다

304 **4** A「ぼくの ケーキは？」

　　B「ごめんなさい、全部 <u>食べちゃった</u>。」

A「내 케익은?」 B「미안, 전부 먹어버렸어.」

문법

| Vて しまった | | Vちゃった | V 해 버리다

◆ 一日で この本を **読んでしまった**。

　하루에 이 책을 읽어버렸다.

◆ 一人で ワインを 1本 **飲んじゃった**。

　혼자서 와인을 1병 마셔버렸다.

문제

305 駅の 北口の きっ茶店で <u>まって</u> います。

1 持って
2 待って
3 侍って
4 特って

306 おゆが _____ よ。

1 わいた
2 あびた
3 いれた
4 もどった

307 今日 習った ことを、家で よく 復習して _____ ください。

1 もらって
2 ちゃって
3 おいて
4 あげて

정답

305 **2** 駅の 北口の 喫茶店で <u>待って</u> います。

역의 북쪽 출구에 있는 찻집에서 기다리고 있습니다.

| 北 | **きた** : 北 북・北口 북쪽 출구
| 茶 | **チャ** : お茶 차・紅茶 홍차
| | **サ** : 喫茶店 찻집
| 待 | **タイ** : 招待する 초대하다
| | **ま** (-つ) : 待つ 기다리다

306 **1** お湯が **わいた**よ。

물이 끓었다.

| **わく** | ◆ お湯が **わく** 물이 끓다
| | ＊お湯を **わかす** 물을 끓이다
| **あびる** | ◆ シャワーを **浴びる** 샤워를 하다

307 **3** 今日 習った ことを、家で よく 復習して **おいて** ください。

오늘 배운 것을 집에서 잘 복습해 두십시오.

V て おく V 해 두다

◆ お昼ご飯、<u>作って **おいた**</u>から、食べてね。
점심 밥 만들어 두었으니 먹어라.

◆ 忘れない ように、手帳に 書い**て おきます**。
잊지 않도록 수첩에 써 둡니다.

문제

308 秋に、音楽ホールで 市民の ための コンサートが ある。

1　いちみん
2　ちみん
3　しみん
4　じみん

309 A「むすこが 今度 結婚するんです。」
B「それは _____ ね。」

1　いいでしょう
2　よろしいでしょう
3　いいと 思いました
4　よかったです

310 この 本には、使い方が 書いて _____ 。

1　いってます
2　おきます
3　あります
4　きます

정답

308 **3** 秋に、音楽ホールで **市民**の ための コンサートが ある。

가을에 음악 홀에서 시민을 위한 콘서트가 있다.

秋	**あき**：秋 가을
市	**シ**：市 시・市民 시민
民	**ミン**：市民 시민

309 **4** A「息子が 今度 結婚するんです。」
B「それは **よかったですね**。」

A「아들이 이번에 결혼합니다.」 B「그것은 잘 되셨습니다.」

よかったですね ＊남의 말을 듣고 안심했을 때 등에 사용

♦ A「父の 病気が よくなりました。」
B「**よかった ですね**。」

A「아버지의 병환이 좋아졌습니다.」
B「잘 되셨네요.」

310 **3** この 本には、使い方が 書いて **あります**。

이 책에는 사용법이 쓰여 있습니다.

V て ある V 되어 있다

♦ 玄関の 鍵は **かけて あります**か。 현관 열쇠는 채워져 있습니까?

♦ ケーキ、**買って ある**けど、食べる？ 케익, 사 두었는데 먹을래?

문제

311 コンビニの 近くに 住んで いるので <u>便利</u>です。

1 びんり
2 ぶんり
3 ばんり
4 べんり

312 A「この間の どろぼうが _____ そうですよ。」
B「よかった ですね。」

1 にげた
2 ぬすんだ
3 とった
4 つかまった

313 かぜを 引いた ようです。のども いたいし、熱も _____。

1 出しました
2 出て きました
3 出て しまいます
4 出て いきます

정답

311 **4** コンビニの 近くに 住んで いるので **便利**です。

편의점 가까이에 살고 있으므로 편리합니다.

문자

|便| ベン：便利な 편리한
ビン：郵便局 우체국
|利| リ：便利な 편리한・利用する 이용하다

312 **4** A「この間の 泥棒が **捕まった**そうですよ。」
　　 B「よかった ですね。」

A「요전 날 도둑이 잡혔다는군요.」
B「잘 되었네요.」

어휘

|つかまる| ～が 捕まる ~가 잡히다
　　　　　＊～を 捕まえる ~를 잡다
|にげる| ～が 逃げる ~가 도망가다
|ぬすむ| ～を 盗む ~를 훔치다

313 **2** 風邪を 引いた ようです。 のども 痛いし、熱も **出てきました**。

감기에 걸린 것 같습니다. 목도 아프고 열도 납니다.

문법

|Vてくる| V 하다 / 되어지다

◆ だんだん 寒く **なって きました**ね。 점점 추워지는군요.

|Vていく| V 해 가다 / 해지다

◆ これから もっと 寒く **なって いく**でしょう。

지금부터 더 추워지겠지요.

문제

314 <u>かない</u>は 学者です。

1 店内
2 家内
3 屋内
4 室内

22 □□□

315 昨日、先生の お宅に ＿＿＿＿。

1 うかがいました
2 おっしゃいました
3 もうしあげました
4 はいけんしました

22 □□□

316 あなたに Tシャツを 買って きたのよ。ちょっと ＿＿＿＿。

1 着て みて
2 着て おいて
3 着て いって
4 着て ちゃって

22 □□□

정답

314 **2** <u>家内</u>は <u>学者</u>です。
  아내는 학자입니다.

内	ナイ : 家内 아내 · 室内 실내 · 以内 이내
	うち : 内側 안쪽 / 내면 ⇔ 外側 바깥쪽 / 외면
者	シャ : 学者 학자 · 歯医者 치과의사

문자

315 **1** 昨日、先生の お宅に <u>伺いました</u>。
  어제 선생님의 댁으로 방문하였습니다.

《존경어》《겸양어》

うかがう	伺う ①「訪問する」의 겸양어 ②「聞く」의 겸양어
おっしゃる	「言う」의 존경어
もうす	申す 「言う」의 겸양어
はいけんする	拝見する 「見る」의 겸양어

어휘

父が おっしゃいました
言わない！

316 **1** あなたに Tシャツを 買って きたのよ。ちょっと <u>着て みて</u>。
  당신의 티셔츠를 사왔어요. 좀 입어 보세요.

| Vて みる | V 해 보다 |

문법

◆ できるか どうか 分かりませんが、<u>やって みましょう</u>。
  할 수 있을지 어떨지 모르지만 해 봅시다.

◆ 私の 作った カレーです。<u>食べて みて</u> ください。
  내가 만든 카레입니다. 먹어 보십시오.

문제

5일째 제**3**주

317 茶色の <u>太った</u> ねこが います。

1 ふとった
2 ふどった
3 ふたった
4 ふだった

23 □□□

318 郵便局(ゆうびんきょく)ですか。あの 交差点(こうさてん)を 右(みぎ)に ＿＿＿＿＿
左側(ひだりがわ)に あります。

1 まわると
2 まがると
3 まわすと
4 まげると

23 □□□

319 車(くるま)を 持(も)たない 人(ひと)が ＿＿＿＿＿って テレビで
言(い)ってたよ。

1 へってある
2 へっておく
3 ふえて いってる
4 ふえにくい

23 □□□

정답

317 1 茶色の **太った** 猫が います。
갈색의 살찐 고양이가 있습니다.

| 色 | いろ : 色 색・黄色 황색・茶色 갈색 |
| 太 | ふと (-い/-る) : 太い 굵다 / 두껍다・太る 살찌다 |

문자

318 2 郵便局ですか。あの 交差点を 右に **曲がると** 左側に あります。
우체국 말입니까? 저 교차로 우측으로 돌아가면 좌측에 있습니다.

まがる	曲がる 돌다 / 구부러지다 / 굽다 / 방향을 바꾸다
	*曲げる 굽히다
まわる	~が 回る ~이 돌다 *~を 回す ~을 돌리다

어휘

319 3 車を 持たない 人が **増えて いってる**って テレビで 言ってたよ。
OK 増えて きた
자동차를 가지지 않는 사람이 늘어간다고 TV에서 말했어.

V て いく V 해 가다

- 貯金が **減って いく**のは 不安だ。 저금이 줄어드는 것은 불안하다.
- がんばって **生きて いこう**。 노력하여 살아가자.

문법

문제

320 医者に 病気について しつもんを した。

1 質聞
2 質門
3 質問
4 質間

321 いい マンションが _____ から、今度 引っこしするんです。

1 みつかった
2 さがした
3 たてた
4 あけた

322 先生に _____ 、とても うれしかった。

1 ほめる ことが できて
2 ほめて くれて
3 ほめられて
4 ほめたので

정답

320 **3** 医者に 病気について **質問**を した。
의사에게 병에 대해 질문을 했다.

- 医 **イ**：医者 의사・医学 의학
- 質 **シツ**：質問 질문
- 問 **モン**：問題 문제

321 **1** いい マンションが **見つかった**から、今度 引っ越しするんです。

OK マンションが 建った

좋은 맨션이 찾아졌기에 이번에 이사를 합니다.

みつかる	～が 見つかる ～이 찾아지다
	＊～を 見つける ～을 찾다
さがす	～を 探す ～을 찾다 (조사하다)

322 **3** 先生に **ほめられて**、とても うれしかった。
선생님에게 칭찬을 받아서 매우 기뻤다.

V られる ＊수동형

- 子供の とき、よく 母に **しかられた**。 어릴 때 자주 어머니에게 야단을 맞았다.
- 外国人に 道を **聞かれた**。 외국인에게 길을 질문받았다.

문제

323 この 村は 町から <u>遠くて</u> 不便です。

1 とうくて
2 とおくて
3 ちかくて
4 しかくて

324 A「この 牛乳、へんな _____ が して いるよ。」
B「ほんとだ。くさい。」

1 ねだん　　2 かたち
3 におい　　4 いろ

325 子どもに 毎日 ピアノを 練習_____ のは 大変です。

1 される
2 させる
3 しつづける
4 してやる

정답

323 **2** この 村は 町から 遠くて 不便です。
이 마을은 시내에서 멀어서 불편합니다.

문자

村	**むら**：村 마을
遠	**エン**：遠慮する 사양하다
	とお(-い)：遠い 멀다
不	**フ**：不便な 불편한 ⇔ 便利な 편리한

324 **3** A「この 牛乳、へんな **におい**が して いるよ。」
B「ほんとだ。 臭い。」

A「이 우유, 이상한 냄새가 나는데요.」
B「정말이네. 냄새 나네.」

어휘

におい	냄새
ねだん	値段 가격
かたち	形 형태 / 모양
いろ	色 색

325 **2** 子供に 毎日 ピアノを 練習**させる**のは 大変です。
어린이에게 매일 피아노를 연습시키는 것은 어려운 일입니다.

문법

V させる 시키다 *사역형

◆ その 先生は、学生に 毎日 漢字を 書**かせます**。
그 선생님은 학생에게 매일 한자를 쓰게 합니다.

◆ 赤ちゃんに ご飯を 食べ**させて** ください。
아기에게 밥을 먹여 주십시오.

문제

6일째 　**제 3 주**

326 <u>寒い</u>から、牛乳を あたためて 飲みましょう。

1　つめたい
2　みじかい
3　あつい
4　さむい

문자

26 ☐☐☐

327 どうしたんだろう？　鏡が ＿＿＿＿＿＿。

1　われて いる
2　うつして いる
3　おれて いる
4　こわして いる

어휘

26 ☐☐☐

328 子どもの ころ、母に 毎日 ほうれん草を ＿＿＿＿＿＿。

1　食べさせました
2　食べられました
3　食べさせられました
4　食べてしまいました

문법

26 ☐☐☐

정답

326 4 寒いから、牛乳を あたためて 飲みましょう。

추우니까 우유을 데워서 마십시다.

문자

| 寒 | さむ (-い) : 寒い 춥다 ⇔ 暑い 덥다
| 牛 | ギュウ : 牛肉 소고기
| | うし : 牛 소

327 1 どうしたんだろう？ 鏡が **割れて いる**。

어찌된 일일까? 거울이 깨져 있다.

| われる | ～が 割れる ～가 깨지다
| | ＊～を 割る ～를 깨다
| うつす | 写す 복사하다 / 촬영하다 / 그리다
| | 移す 이사하다 / 이동하다

어휘

328 3 子供の ころ、母に 毎日 ほうれん草を **食べさせられました**。

어린 시절 어머니는 매일 시금치를 먹게 했습니다.

문법

| **Ｖさせられる** | Ｖ 하게 하다 ＊사역수동형

◆ 毎日 母の 手伝いを **させられます**。
   매일 어머니가 일을 거들게 하였습니다.

◆ 大きい 失敗を して、会社を **辞めさせられた**。
   큰 실수를 하여 회사를 사직당하였습니다.

문제

6 일째 　제**3**주

329 出発しますから、早く <u>のって</u> ください。

1　急って
2　乗って
3　走って
4　歩って

문자

27 □□□

330 最近、3キロも 太っちゃった。 _____ 。

1　おどろかなくちゃ
2　こまらなくちゃ
3　よろこばなくちゃ
4　やせなくちゃ

어휘

27 □□□

331 すみません、頭が いたいので、今日は 早く _____ 。

1　帰らせて ください
2　帰られて ください
3　帰させて ください
4　帰りさせて ください

문법

27 □□□

정답

329 **2** 出発しますから、早く**乗って**ください。

출발하니까 빨리 타 주십시오.

문자

発	ハツ : 発音 발음 · 出発する 출발하다
早	はや (-い) : 早い 빠르다
乗	の (-る) : 乗る 타다 · 乗り物 탈 것 / 차량
	乗り換える 환승하다

330 **4** 最近、3キロも 太っちゃった。**やせなくちゃ**。

최근 3키로나 살 쪄버렸어. 살 빼야지.

＊～しなくちゃ (＝ ～しなければ ならない) ~ 해야지

어휘

やせる	야위다 ⇔ 太る 살찌다
おどろく	驚く 놀라다
こまる	困る 곤란해 지다

331 **1** すみません、頭が 痛いので、今日は 早く **帰らせて ください**。

죄송합니다만 머리가 아프므로 오늘은 빨리 돌아가게 해 주십시오.

문법

| V させてください | ＊사역형 |

(~ 하게 해 주십시오)

◆ 手を 洗わせて ください。 손을 씻게 해 주십시오.

◆ お手洗いを 使わせて ください。 화장실을 사용하게 해 주십시오.

문제

6 일째 　제**3**주

332 私の 国は コーヒーの 生産が 世界で いちばんです。

　　1　せいさん
　　2　せいぞう
　　3　せんさん
　　4　しょうさん

28 □□□

333 友だちと 駅で ＿＿＿＿ から 一人で デパートに 行きました。

　　1　なくなって
　　2　わかれて
　　3　むかえて
　　4　まちあわせて

28 □□□

334 京都へは まだ 一度も ＿＿＿＿。

　　1　行った ことが ありません
　　2　行く ことが ありませんでした
　　3　行って しまってません
　　4　行きませんでした

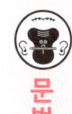

28 □□□

정답

332 **1** 私の 国は コーヒーの <u>生産</u>が 世界で いちばんです。
우리나라는 커피 생산이 세계 제일입니다.

문자

|世| セ : 世話を する 수발하다
|界| カイ : 世界 세계

333 **2** 友だちと 駅で <u>別れて</u>から 一人で デパートに 行きました。
친구들과 역에서 헤어지고 나서 혼자서 백화점에 갔습니다.

어휘

わかれる	～と 別れる ～와 헤어지다
なくなる	～が 無くなる ～가 없어지다
	～が 亡くなる ～가 사망하다
まちあわせる	～と 待ち合わせる ～와 만나기로 하다

334 **1** 京都へは まだ 一度も <u>行った ことが ありません</u>。
교토에는 아직 한번도 가본 적이 없습니다.

문법

| V た ことが ある／ない | V 한 적이 있다 / 없다 |

＊경험을 나타낸다

◆ 納豆を <u>食べた ことが あります</u>か。 낫토를 먹어 본 적이 있습니까?

| V る／V ない ことが ある | V 하다 / V 하지 않는 일이 있다 |

＊때때로 있다

◆ 私は 朝ご飯を <u>食べない ことが あります</u>。
나는 아침밥을 먹지 않는 경우가 있습니다.

202

문제

335 池の 魚が 全部 <u>しんで</u> しまいました。

1 病んで
2 去んで
3 弱んで
4 死んで

336 田中君は まだ _____ から、その 経験が ないんだよ。

1 ふるい
2 わかい
3 めずらしい
4 きびしい

337 田中さんが 元気 _____ を 聞いて、安心しました。

1 だという こと
2 なという こと
3 だ こと
4 こと

정답

335 **4** 池の 魚が 全部 **死んで** しまいました。
연못의 물고기가 모두 죽어버렸습니다.

池	いけ : 池 연못
	チ : 電池 전지
全	ゼン : 全部 전부・安全な 안전한
	全然~ない 전혀 ~ 아니다
死	し (-ぬ) : 死ぬ 죽다

336 **2** 田中君は まだ **若い**から、その 経験が ないんだよ。
다나카 군은 아직 젊으니까 그 경험이 없는거야.

わかい	若い 젊다 ⇔ 年を とった 나이를 먹었다
めずらしい	珍しい 드물다 / 신기하다
きびしい	厳しい 엄격하다

337 **1** 田中さんが **元気だ** という ことを 聞いて、安心しました。
OK 元気なこと
다나카 씨가 건강하다는 말을 들어서 안심하였습니다.

~という こと (=~こと) ~ 라고 하는 것

◆ 田中さんが 来週 会社を 辞める **という こと**を
知って いますか。(=辞める こと)
다나카 씨가 다음 주 회사를 그만 둔다는 것을
알고 계십니까?

문제

6 일째 　제**3**주

338 みんなが <u>集まったら</u>、仕事を 始めます。

1 まとまったら
2 あつまったら
3 かたまったら
4 はじまったら

문자

30 ☐☐☐

339 お母さん、今度 海に ＿＿＿＿＿。

1 もって いって
2 むかえに いって
3 おくりに いって
4 つれて いって

어휘

30 ☐☐☐

340 ＿＿＿＿＿ 分かりませんが、やって みます。

1 できるか どうか
2 できたり できなかったり
3 できる ようだか
4 できる ほうが いいか

문법

30 ☐☐☐

정답

338 2 みんなが <u>集まったら</u>、仕事を 始めます。

모두가 모이면 일을 시작합니다.

|集| あつ (-まる/-める) : 集まる 모이다 · 集める 모으다
|仕| シ : 仕事 일 / 업무 · 仕方 방법
|始| はじ (-まる/-める) : 始まる 시작되다 · 始める 시작하다

339 4 お母さん、今度 海に <u>連れて いって</u>。

엄마, 이번에 바다에 데려가주세요.

つれて いく	〈人〉を 連れて いく 〈사람〉을 데려가다
もって いく	〈物〉を 持って いく 〈물건〉을 가져가다
むかえに いく	~を 迎えに 行く ~를 마중하러 가다
おくりに いく	~を 送りに 行く ~를 전송하러 가다

340 1 <u>できるか どうか</u> 分かりませんが、やって みます。

할 수 있을지 어떨지 모르겠습니다만 해 보겠습니다.

| ~か どうか | ~ 할지 어떨지 |

◆ この 機械が 正しく <u>動くか どうか</u> 調べましょう。

이 기계가 바르게 작동하는지 어떤지 조사해 봅시다.

◆ <u>上手か どうか</u> 分かりませんが、私は 歌が 大好きです。

잘하는지 어떤지 모르겠습니다만 저는 노래를 아주 좋아합니다.

제 3 주 **7 일째**

341 日本の お土産を買う。→ 278
1 おみあげ　　　2 おみやげ

1 □□□

342 この 店は しなものが 多い。→ 284
1 荷物　　　2 品物

2 □□□

343 日本の 生活に もう ＿＿＿＿。→ 297
1 なれましたか　　　2 たのしみましたか

1 □□□

344 その バッグは、色も ＿＿＿＿ も いいですね。→ 324
1 かたち　　　2 におい

2 □□□

345 この 本、＿＿＿＿ 貸して あげるよ。→ 259
1 読み出したから　　　2 読み終わったから

1 □□□

346 外国人に 道を ＿＿＿＿、こまりました。→ 322
1 聞かれて　　　2 聞かされて

2 □□□

문자 · 어휘 · 문법

문제

347 時計に 新しい 電池を 入れる。→ 335

　　1　でんち　　　　　2　でんき

348 ちょっと まって ください。→ 305

　　1　持って　　　　　2　待って

349 何時に どこで ＿＿＿＿ か。→ 333

　　1　まちあわせましょう　2　つれていきましょう

350 雨の ＿＿＿＿ は、試合は 中止です。→ 294

　　1　つごう　　　　　2　ばあい

351 お母さん、この シャツ、洗って ＿＿＿＿ ね。明日、着るから。→ 307

　　1　あって　　　　　2　おいて

352 私にも その ゲームを ＿＿＿＿。→ 331

　　1　やらせて　　　　2　やらさせて

앞 페이지 정답　341 ②　342 ②　343 ①　344 ①　345 ②　346 ①

353 休みの 日に <u>洗濯</u>を する。→ 263

 1 そうじ　　　　　2 せんたく

 5 □□□

354 みなさん、お<u>せわ</u>に なりました。→ 332

 1 世話　　　　　2 世和

 6 □□□

355 うるさいですね。だれが _____ いるんですか。→ 291

 1 おどろいて　　　　2 さわいで

 5 □□□

356 駅に 着いたら 電話を ください。_____ 行きますから。→ 339

 1 むかえに　　　　　2 おくりに

 6 □□□

357 帰ってこなく _____ けれど、連絡ぐらいは しなさい。→ 292

 1 でも いい　　　　2 ても かまわない

 5 □□□

358 この ペン、書きやすいよ。ちょっと _____ 。→ 316

 1 書いてみて　　　　2 書いちゃって

 6 □□□

앞 페이지 정답　347 1　348 2　349 1　350 2　351 2　352 1

문제

359 外国語の 発音は むずかしい。→ 329

1　ぱつおん　　　　2　はつおん

360 切手を あつめて います。→ 338

1　集めて　　　　　2　始めて

361 田中さんが ちこくするなんて _____ ね。→ 336

1　さびしいです　　2　めずらしいです

362 今、なんと _____ か。→ 315

1　うかがいました　2　おっしゃいました

363 その レストランの 名前は、前に _____ あります。→ 334

1　聞いた ことが　2　聞く ことが

364 その パソコン、いくら _____ 買いましたか。→ 286

1　で　　　　　　　2　に

앞 페이지 정답　353　2　354　1　355　2　356　1　357　2　358　1

7일째 제3주

365 <u>急いで</u> ください。→ 296
　1　きそいで　　　2　いそいで

366 旅行の <u>けいかく</u>を 立てる。→ 251
　1　計画　　　　　2　映画

367 妻(つま)は 10年前に 病気で ＿＿＿＿＿。→ 333
　1　わかれました　2　なくなりました

368 ＿＿＿＿＿。かぎを なくしちゃった ようだ。→ 330
　1　こまった　　　2　おどろいた

369 車を 運転(うんてん)する ときは、お酒(さけ)を ＿＿＿＿＿ いけない。→ 301
　1　飲んでは　　　2　飲まないと

370 私は、お酒(さけ) ＿＿＿＿＿ 飲まないし、たばこ ＿＿＿＿＿ すいません。→ 280
　1　も／も　　　　2　とか／とか

앞 페이지 정답　359 ②　360 ①　361 ②　362 ②　363 ①　364 ①

문제

371 正月には 帰ります。→ 275

　　1　しょうげつ　　　　2　しょうがつ

11 □□□

372 この 町は 自動車こうぎょうが さかんです。→ 281

　　1　工場　　　　　　　2　工業

12 □□□

373 私は、_____ ものが 苦手で、特に チョコレートは だめなんです。→ 300

　　1　あまい　　　　　　2　にがい

11 □□□

374 _____ ように やわらかい 紙で クッキーを つつんだ。→ 327

　　1　うつさない　　　　2　われない

12 □□□

375 すみませんが、手を _____ ください。→ 331

　　1　洗わせて　　　　　2　洗われて

11 □□□

앞 페이지 정답　365 2　366 1　367 2　368 1　369 1　370 1

제 4 주

- 6일째까지 마친 후 정답 수를 세어 기록합시다.
- 정답 수가 적은 분야가 있으면 다시 한 번 푼 후에 7일째로 나아갑시다.
- 7일째는 복습입니다. 다 마친 후 정답 수를 적고, 학습 효과를 확인합시다.

	1 ~ 6 일째	7 일째 (복습)
1회차	/ 30 문제	/ 12 문제
2회차	/ 30 문제	/ 12 문제
3회차	/ 30 문제	/ 12 문제

문자

	1 ~ 6 일째	7 일째 (복습)
1회차	/ 30 문제	/ 12 문제
2회차	/ 30 문제	/ 12 문제
3회차	/ 30 문제	/ 12 문제

어휘

	1 ~ 6 일째	7 일째 (복습)
1회차	/ 30 문제	/ 11 문제
2회차	/ 30 문제	/ 11 문제
3회차	/ 30 문제	/ 11 문제

문법

앞 페이지 정답   371 **2**   372 **2**   373 **1**   374 **2**   375 **1**

_____ のことばに対し、ひらがなは漢字に、漢字はひらがなに直して、正しいものを選択肢から選びなさい。

_____ 의 단어에 대해 히라가나는 한자로, 한자는 히라가나로 고치고 바른 것을 선택지에서 고르시오.

_____ のところに何を入れますか。いちばんいいものを選択肢から一つ選びなさい。

_____ 에 무엇을 넣으면 좋은지 가장 적당한 것을 선택지에서 하나 고르시오.

_____ のところに何を入れますか。いちばんいいものを選択肢から一つ選びなさい。

_____ 에 무엇을 넣으면 좋은지 가장 적당한 것을 선택지에서 하나 고르시오.

문제

376 あの 方は <u>研究者</u> です。

1 かんきゅうしゃ
2 かんきょうしゃ
3 けんきゅうしゃ
4 けんきょうしゃ

1 □□□

377 あなたは この 計画(けいかく)に ついて _____ 思(おも)いますか。

1 どうやって
2 どう
3 なにで
4 なにが

1 □□□

378 みんなが _____、私(わたし)も 行(い)きません。

1 行かないなら
2 行かなければ
3 行かないたら
4 行かないば

1 □□□

정답

376 **3** あの 方は **研究者** です。

저 분은 연구자입니다.

研	ケン	研究する 연구하다
究	キュウ	研究室 연구실
		研究生 연구생・研究者 연구자

문자

377 **2** あなたは この 計画に ついて **どう** 思いますか。

당신은 이 계획에 대해 어떻게 생각합니까?

| どう | 어떻게 |
| どうやって | 어떻게 해서 |

♦ **どうやって** ここまで 来ましたか。
어떻게 해서 여기까지 오셨나요?

어휘

378 **1** みんなが **行かないなら**、私も 行きません。

모두가 가지 않는다면 저도 가지 않습니다.

| ~なら | ~이면 |

♦ <u>1000 円</u>なら 買います。 1000 엔이면 사겠습니다.

| ~ば | ~면 |

♦ <u>暑ければ</u> エアコンを つけて ください。 더우면 에어컨을 켜 주십시오.

| ~たら | ~하면 |

♦ もし 雨が 降ったら 行きません。 만약 비가 오면 가지 않습니다.

문법

문제

1일째 **제4주**

379 特に いけんは ありません。

1 意味
2 意思
3 意県
4 意見

문자

2 □□□

380 難しい 試験だったのに、_____ がんばりましたね。

1 よく
2 もっと
3 もう
4 まだ

어휘

2 □□□

381 この 道を まっすぐ _____、右に 銀行が 見えます。

1 行ったあとで
2 行くなら
3 行くとき
4 行くと

문법

2 □□□

정답

379 **4** 特に <u>意見</u>は ありません。
특별히 의견은 없습니다.

| 特 | トク：特急 특급・特に 특히・特別な 특별한 |
| 意 | イ：意味 의미・意見 의견・注意 주의 |

380 **1** 難しい 試験だったのに、<u>よく</u> 頑張りましたね。
어려운 시험이었는데도 잘 노력하였네요.

よく
- ◆ **よく** やった！ 잘 했다！
- ◆ 私は **よく** 映画を 見に 行きます。
  나는 자주 영화를 보러 갑니다.
- ◆ 昨日は **よく** 寝ました。 어제는 잘 잤습니다.

381 **4** この 道を まっすぐ <u>行くと</u>、右に 銀行が 見えます。
이 길을 똑바로 가면 우측에 은행이 보입니다.

V ると V 하면
- ◆ 春に **なると** いろいろな 花が 咲きます。(＝なったら)
  봄이 되면 여러가지 꽃이 핍니다.
- ◆ この ボタンを **押すと** 電気が つきます。(＝押したら)
  이 버튼을 누르면 전기가 켜집니다.

V ないと V 않으면
- ◆ <u>勉強しないと</u>、大学に 入れません。(＝勉強しなかったら)
  공부하지 않으면 대학에 들어가지 못합니다.

문제

1일째 제**4**주

382 この 研究室は <u>広い</u>。

1 ふとい
2 せまい
3 ひろい
4 くらい

문자

3 ☐☐☐

383 あのう、_____、中村さんでは ありませんか。

1 ごめんなさいが
2 しつれいですが
3 すみませんですが
4 わるいですが

어휘

3 ☐☐☐

384 A「すみません、しょうゆを _____ 。」
B「はい、どうぞ。」

1 取りなさい
2 取りませんか
3 取りましょうか
4 取って くださいませんか

문법

3 ☐☐☐

정답

382 **3** この 研究室は 広い。
이 연구실은 넓다.

室 シツ : 教室 교실・会議室 회의실
広 ひろ (-い) : 広い 넓다・背広 양복

문자

383 **2** あのう、失礼ですが、中村さんでは ありませんか。
저, 실례입니다만 나카무라 씨가 아니십니까?

| しつれいですが、… | 失礼ですが 실례입니다만 |
| すみませんが、… | 죄송합니다만 … |

♦ すみませんが、ペンを 取って ください。
  죄송합니다만 펜을 집어 주십시오.

| わるいけ(れ)ど、… | 미안하지만 |

♦ 悪いけど、テレビ 消して。 미안하지만 TV를 꺼줘.

어휘

384 **4** A「すみません、しょうゆを 取って くださいませんか。」
B「はい、どうぞ。」 OK 取って ください／取って くれませんか

A「미안합니다만 간장을 집어 주시겠습니까?」
B「네, 여기 있습니다.」

| V て くださいませんか | V て いただけませんか | V 해 주시지 않겠습니까?

♦ 中国語を 教えて くださいませんか。
  중국어를 가르쳐 주시지 않겠습니까?

♦ もう一度 言って いただけませんか。
  다시 한 번 말씀해 주시지 않겠습니까?

문법

문제

385 漢字の いみを しらべなさい。

1 意味
2 以味
3 意見
4 以見

문자

4 □□□

386 コンピューターは ソフトが ないと ＿＿＿＿。

1 かわらない
2 とどかない
3 ふえない
4 うごかない

어휘

4 □□□

387 いつ 旅行に ＿＿＿＿ か。

1 おいでします
2 お行きします
3 行かれます
4 なさいます

문법

4 □□□

정답

385 **1** 漢字の **意味**を 調べなさい。
한자의 뜻을 찾아보세요.

漢	カン：漢字 한자
字	ジ：字 글자・漢字 한자・文字 문자
味	ミ：意味 의미/뜻・趣味 취미・興味 흥미
	あじ：味 맛

문자

386 **4** コンピューターは ソフトが ないと **動かない**。
컴퓨터는 소프트웨어가 없으면 작동되지 않는다.

うごく	◆ 機械が 動く 기계가 작동하다
かわる	変わる 변하다
とどく	◆ 荷物が 届く 짐이 도착하다
ふえる	増える 늘다 ⇔ 減る 줄다

어휘

387 **3** いつ 旅行に **行かれます**か。
언제 여행을 가십니까?

| V られる | *수동형과 같은 형의 존경어 |

◆ これは、田中先生が **書かれた** 本です。
이것은 다나카 선생님이 쓰신 책입니다.

◆ この 本、もう **読まれました**か。
이 책 이미 읽으셨습니까?

문법

문제

1일째　제**4**주

388 引っこしの にもつは この <u>住所</u>に 送って くだ さい。

1　じゅしょ
2　ちゅうしょ
3　じゅうしょ
4　しゅうしょ

문자

5 ☐☐☐

389 田中さんは ＿＿＿＿ 帰りましたよ。

1　じゃあ
2　もうすぐ
3　これから
4　さっき

어휘

5 ☐☐☐

390 先生は 何時ごろ ＿＿＿＿。

1　お帰りに なりますか
2　お帰り しますか
3　お帰り いたしますか
4　お帰られますか

문법

5 ☐☐☐

정답

388 3 引っこしの 荷物は この **住所**に 送って ください。

이삿짐은 이 주소로 보내 주십시오.

|引| ひ (-く) : 引く 당기다・引き出し 서랍 / 인출
     引っこす 이사하다
|送| ソウ：放送 방송
     おく (-る)：送る 보내다

389 4 田中さんは **さっき** 帰りましたよ。

다나카 씨는 방금 돌아가셨습니다.

|さっき| 방금 ◆ **さっき** 昼ご飯を 食べました。 방금 점심을 먹었습니다.
|もうすぐ| 곧 ◆ **もうすぐ** 12時に なります。 곧 12시가 됩니다.
|これから| 지금부터
  ◆ **これから** 会議を 始めます。 지금부터 회의를 시작합니다.

390 1 先生は 何時ごろ **お帰りに なりますか**。

선생님은 몇 시경 돌아오십니까?

|おVに なる| ＊おVま़すになる

◆ これは、田中先生が **お書きに なった** 本です。
  이것은 다나카 선생님이 쓰신 책입니다.

|おVする／いたす| ＊おVま़する／いたす

◆ 写真を **お送りいたします**。
  사진을 보내드리겠습니다.

문제

2 일째　제**4**주

391 つぎの　駅で　降りて、<u>地下鉄</u>に　乗りかえましょう。

1　ちがてつ
2　ちかてつ
3　じかてつ
4　じがてつ

문자

6 □□□

392 病気の　おじさんの　_____　に　行きました。

1　おみまい
2　おはなし
3　おれい
4　おいわい

어휘

6 □□□

393 田中さんの　奥さんを　_____。

1　ごぞんじで　おりますか
2　ごぞんじですか
3　ごぞんじに　なりますか
4　ごぞんじしますか

문법

6 □□□

정답

391 **2** つぎの 駅で 降りて、**地下鉄**に 乗りかえましょう。

다음 역에서 내려서 지하철로 환승합시다.

降	ふ (-る) : 降る 내리다
	お (-りる) : 降りる 내리다 ⇔ 乗る 타다
鉄	テツ : 地下鉄 지하철

---

392 **1** 病気の おじさんの **お見舞い**に 行きました。

병환이신 아저씨의 문병을 갔습니다.

(お)みまい	(お)見舞い 문병
(お)れい	(お)礼 예의
(お)いわい	(お)祝い 축하

---

393 **2** 田中さんの 奥さんを **ご存じですか**。

다나카 씨의 부인을 아십니까?

私は	先生は	私は（先生に対し）
知って います	**ご存じです**	**存じて おります**
知りません	**ご存じでは ありません**	**存じません**

나는	선생님은	나는 (선생님에 대해)
알고 있습니다	알고 계십니다	알고 있습니다
모릅니다	알고 계시지 않습니다	모릅니다

문제 **2** 일째 **제4주**

394 けがが <u>かるくて</u>、安心しました。

1 暗くて
2 重くて
3 低くて
4 軽くて

7 □□□

395 太りすぎなので、甘い ものを _____ なりません。

1 やめなければ
2 やすまなければ
3 とまらなければ
4 やせなければ

7 □□□

396 A「どう _____ 。」
B「いや、ちょっと 頭が いたくて。」

1 いたしますか
2 いたしましょうか
3 なさいましょうか
4 なさいましたか

7 □□□

정답

394 **4** けがが **軽くて**、安心しました。

상처가 가벼워서 안심하였습니다.

|軽| **かる** (-い) : 軽い 가볍다 ⇔ 重い 무겁다
|心| **シン** : 安心する 안심하다 ⇔ 心配する 걱정하다・心配な 걱정스러운
　　こころ : 心 마음
|低| **ひく** (-い) : 低い 낮다 ⇔ 高い 높다

395 **1** 太りすぎなので、甘い ものを **やめなければ** なりません。

너무 살쪄서 단 것을 끊지 않으면 안됩니다.

|やめる| ◆ たばこを **やめる** 담배를 끊다
|やすむ| ◆ 仕事を **休む** 일을 쉬다
|とまる| ◆ タクシーが **止まる** 택시가 멈추다
　　　◆ ホテルに **泊まる** 호텔에 머물다
|やせる| 살을 빼다 / 야위다 ⇔ 太る 살찌다

396 **4** A「どう **なさいましたか**。」

　　　B「いや、ちょっと 頭が いたくて。」

A「어찌된 일입니까?」 B「아니, 머리가 조금 아파서요.」

|なさる| *「する」의 존경어

◆ 〈レストランで〉何に **なさいます**か。〈레스토랑에서〉무엇으로 하시겠습니까?

◆ お父様は 何を **なさって** いますか。 아버님은 무엇을 하고 계십니까?

|いたす| *「する」의 겸양어

◆ 掃除は 私が **いたします**。 청소는 제가 하겠습니다.

문제

2 일째 **제 4 주**

397 <u>用事</u>が 終わるまで 待って ください。

1 ぎょうじ
2 そうじ
3 ゆうじ
4 ようじ

8 □□□

398 家の すぐ そばに コンビニが _____、とても 便利に なった。

1 みつけて
2 やって
3 できて
4 たてて

8 □□□

399 すみません、書くものを 貸して _____。

1 もらえませんか
2 くださりませんか
3 もらいませんか
4 いただきませんか

8 □□□

정답

397 **4** <u>用事</u>が 終わるまで 待って ください。
용무가 끝날 때까지 기다려 주십시오.

|用| **ヨウ**：用事 용무/용건・用意 준비・利用する 이용하다
|終| **お**(-わる)：終わる 끝나다

문자

398 **3** 家の すぐ そばに コンビニが **できて**、とても 便利に なった。
집 바로 근처에 편의점이 생겨서 매우 편리해졌다.

できる	◆ 建物が できる 건물이 생기다
みつける	◆ 仕事を 見つける 일을 찾다
やる	◆ 宿題を やる 숙제를 하다
たてる	◆ 家を 建てる 집을 짓다

어휘

399 **1** すみません、書くものを 貸して **もらえませんか**。
미안합니다만 필기구를 빌려 주시지 않겠습니까?

정중함

| V て もらえませんか |
◆ 窓を 閉めて もらえませんか。 창을 닫아 주시지 않겠습니까?

| V て くださいませんか |
◆ 道を 教えて くださいませんか。 길을 가르쳐 주시지 않겠습니까?

| V て いただけませんか |
◆ お金を 貸して いただけませんか。 돈을 빌려 주시지 않겠습니까?

문법

문제

2 일째　제**4**주

400 問題の　答えは　べつの　紙に　書きなさい。

1　外
2　別
3　特
4　同

문자

9 □□□

401 これは　もう　いらないから　_____。

1　すてます
2　しつれいします
3　はらいます
4　ひろいます

어휘

9 □□□

402 明日は　8時　_____　会社に　行かなくては
いけません。

1　より
2　まで
3　でも
4　までに

문법

9 □□□

정답

400 **2** 問題の 答えは <u>別の</u> 紙に 書きなさい。

문제의 답은 별지에 쓰십시오.

문자

| 題 | ダイ : 問題 문제・宿題 숙제
| 答 | こた (-える/-え) : 答える 답하다・答え 답
| 別 | ベツ : 別 따로・特別な 특별한
| | わか (-れる) : 別れる 헤어지다

401 **1** これは もう いらないから <u>捨てます</u>。

이것은 이제 필요없으므로 버리겠습니다.

어휘

| すてる | ◆ ごみを 捨てる 쓰레기를 버리다
| はらう | ◆ 家賃を 払う 임대료를 지불하다
| ひろう | ◆ お金を 拾う 돈을 줍다

402 **4** 明日は 8時<u>までに</u> 会社に 行かなくては いけません。

내일은 8시까지는 회사에 가지 않으면 안됩니다.

문법

| N までに | N 까지는

＊N = 시간・생긴 일/행사

◆ 夕食までに 帰ります。 저녁 식사 때까지는 돌아갑니다.

| N まで | N 까지 ＊N = 시간・생긴 일/행사

◆ 夕食まで 勉強します。 저녁 식사 때까지 공부합니다.

문제

2 일째 제**4**주

403 薬を もらう ために、2週間に 1回、病院に <u>通って</u> います。

1 とおって
2 うたって
3 かよって
4 おこなって

문자

404 日本語は、前より _____ 分かる ように なりました。

1 きっと
2 かならず
3 もう
4 ずっと

어휘

405 書ける ところ _____ 書きました。

1 ほど
2 だけ
3 ぐらい
4 ばかり

문법

정답

403 **3** 薬を もらう ために、2週間に 1回、病院に **通って** います。
약을 받기 위해 2주일에 1회 병원에 다니고 있습니다.

薬	**くすり** : 薬 약
通	**ツウ** : 交通 교통
	普通 보통

とお (-る) : 通る 지나다・通り 거리
かよ (-う) : 通う 다니다

404 **4** 日本語は、前より **ずっと** 分かる ように なりました。
일본어는 이전보다 훨씬 알 수 있게 되었습니다.

ずっと
◆ 今日は 昨日より **ずっと** 寒い。
오늘은 어제보다 훨씬 춥다.

◆ 朝から **ずっと** 雨が 降って いる。
아침부터 계속 비가 내리고 있다.

かならず 必ず 반드시

405 **2** 書ける ところ**だけ** 書きました。
쓸 수 있는 곳만 썼습니다.

N だけ　N 만
N ほど　**N ぐらい**　N 정도 / N 만큼
＊N = 시간・수량 등

◆ <u>5日ほど</u> 旅行します。　5일 정도 여행합니다.
◆ <u>2時間ぐらい</u> 勉強した。　2시간 정도 공부했다.

N ばかり　N 만

◆ 弟は <u>テレビばかり</u> 見て いる。　남동생은 TV 만 보고 있다.

문제

406 工場を 建てる <u>計画</u>が 中止に なった。

1 けかく
2 けいが
3 けいかく
4 けいがく

문자

11 □□□

407 A「味、どう？」
B「ちょっと 塩が _____ と 思うよ。」

1 のこらない
2 たりない
3 入れたい
4 あまる

어휘

11 □□□

408 日本語の 勉強は _____、楽しい。

1 大変なけれど
2 大変けれど
3 大変だが
4 大変なため

문법

11 □□□

정답

406 **3** 工場を 建てる **計画**が 中止に なった。
공장을 짓는 계획이 중지되었다.

工	コウ : 工業 공업・工事 공사
場	ジョウ : 工場 공장・駐車場 주차장
	ば : 売り場 판매소・場所 장소
止	シ : 中止する 중지하다
	と (-まる/-める) : ～が 止まる ～가 서다
	～を 止める ～를 세우다

407 **2** A「味、どう？」
B「ちょっと 塩が **足りない**と 思うよ。」
A「맛, 어때?」 B「소금이 좀 부족하다고 생각해.」

たりる	足りる 충분하다 ⇔ 足りない 부족하다
のこる	残る 남다　＊残す 남기다
あまる	◆ ごはんが 余る 밥이 남다

408 **3** 日本語の 勉強は **大変だが**、楽しい。　**OK** 大変だけ(れ)ど
일본어 공부는 힘들지만 재미있다.

～が　～지만 (＝けれど(も))

◆ 駅の 近くは にぎやかだが、この 辺は とても 静かだ。
역 부근은 번화하지만 이 부근은 아주 조용하다.

◆ 電車は 混んでいたが、座る ことが できた。
전철은 붐볐지만 앉을 수 있었다.

문제

409 春と 秋に しあいが あります。

1 仕会
2 試会
3 仕合
4 試合

문자

12 □□□

410 夕飯は、いつも 何時ごろ ＿＿＿＿＿。

1 めしあがりますか
2 おっしゃいますか
3 ごちそうしますか
4 まいりますか

어휘

12 □□□

411 私の 家は、せまい ＿＿＿＿＿、古いです。

1 し
2 と
3 で
4 か

문법

12 □□□

정답

409 **4** 春と 秋に **試合**が あります。
봄과 가을에 시합이 있습니다.

문자

秋	**あき**：秋 가을
試	**シ**：試合 시합
合	**ゴウ**：合格する 합격하다・都合がいい 사정이 좋다
	あ (-う)：合う 만나다

---

410 **1** 夕飯は、いつも 何時ごろ **召し上がりますか**。
저녁식사는 언제나 몇시 경 드십니까?

어휘

めしあがる	召し上がる 「食べる」의 존경어
まいる	参る 「行く」의 겸양어
おっしゃる	「言う」의 존경어

---

411 **1** 私の 家は、狭い**し**、古いです。
우리집은 좁고 낡았습니다.

문법

| N₁も～し、N₂も～ | ～し、(～し) | N₁도 ~ 하고 N₂도 ~ |

- **家も** ないし、**車も** ない。 집도 없고 차도 없다
- あの 人は、きれいだ**し**、優しい**し**、
  頭も いいですよ。
  저 사람은 예쁘고 상냥하고 머리도 좋습니다.

문제

412 この 黄色い 薬は 寝る前に 飲んで ください。

1 きろい
2 くろい
3 くいろい
4 きいろい

413 A「母の 具合が 悪いんです。」
B「それは ＿＿＿＿。お大事に。」

1 ざんねんです
2 すごいです
3 いけませんね
4 すみません

414 私は 歌が 下手 ＿＿＿＿ 歌いたく ありません。

1 なので
2 ので
3 なから
4 から

정답

412 **4** この **黄色い** 薬は 寝る前に 飲んで ください。
이 노란 약은 잠자기 전에 먹으십시오.

| 黄 | **き**：黄色 황색・黄色い 노랗다 |
| 寝 | **ね** (-る)：寝る 자다・寝坊 잠꾸러기 |

문자

---

413 **3** A「母の 具合が 悪いんです。」
　　B「それは **いけませんね**。お大事に。」

A「어머니의 몸 상태가 나쁩니다.」 B「그것은 안되지요. 조리 잘 하세요.」

| いけない | 안되다 (= よくない)(좋지않다) |
| ざんねんな | 残念な 유감스러운 |

　　◆ 試合に 負けて **残念だ**。
　　　시합에 져서 유감이다.

어휘

---

414 **1** 私は 歌が **下手なので** 歌いたく ありません。
나는 노래가 서툴기 때문에 부르고 싶지 않습니다.

| ~ので | ~므로 / ~때문에 |

◆ 隣の 部屋が うるさいので、よく 眠れなかった。
　옆 방이 시끄러워서 잠을 잘 잘 수 없었다.

◆ 雨が 降って いるので、出かけるのを やめた。
　비가 오고 있기 때문에 외출을 그만 두었다.

문법

문제

3 일째　제**4**주

415 そんな　自転車は　どこで　うって　いますか。

1　売って
2　買って
3　作って
4　乗って

14 □□□

416 あの　ホテルは　_____　しないと　泊まれませんよ。

1　けいかく
2　よてい
3　じゅんび
4　よやく

14 □□□

417 さっき　聞いた　_____、もう　忘れて　しまいました。

1　だけ
2　ので
3　から
4　のに

14 □□□

정답

415 **1** そんな 自転車は どこで **売って** いますか。

그런 자전거는 어디에서 팔고 있습니까?

- 転 テン：自転車 자전거
- 売 う (-る)：売る 팔다・売り場 매장

문자

416 **4** あの ホテルは **予約**しないと 泊まれませんよ。

저 호텔은 예약 안하면 숙박할 수 없습니다.

- よやく ◆ コンサートの **予約**を する 콘서트를 예약하다
- けいかく ◆ 旅行の **計画**を 立てる 여행 계획을 세우다
- よてい 予定 예정
- じゅんび 準備 준비

어휘

417 **4** さっき 聞いた**のに**、もう 忘れて しまいました。

방금 들었는데도 벌써 잊어 버렸습니다.

~のに　~는데도

- ◆ 熱が あるのに 学校へ 行った。
  열이 있는데도 학교에 갔다.

- ◆ 祖母は、元気なのに、全然 出かけません。
  할머니는 건강하신데도 전혀 외출하지 않습니다.

문법

문제

3일째 제**4**주

418 風が 強いので、運転に 注意して ください。

1 よわい
2 つよい
3 こわい
4 きつい

15 □□□

419 A「すみません。部長の カップを 割って しまいました。」
B「ああ、そう…。_____。」

1 ごめんなさい
2 しかたが ないね
3 だめ に なったよ
4 あぶないよ

15 □□□

420 地震は _____ 来るか 分からないから こわい。

1 いつ
2 いつか
3 いつでも
4 いつも

15 □□□

정답

418 **2** 風が <u>強い</u>ので、運転に 注意して ください。
바람이 강하므로 운전에 주의해 주십시오.

| 風 | フウ: 台風 태풍 |
| かぜ: 風 바람 *風邪 감기 |
| 運 | ウン: 運転 운전・運転手 운전수・運動 운동 |
| 注 | チュウ: 注意する 주의하다・注射 주사 |

419 **2** A「すみません。部長の カップを 割って しまいました。」
B「ああ、そう…。<u>仕方が ないね</u>。」

A「미안합니다. 부장님의 컵을 깨트려 버렸습니다.」
B「아, 그래 … 어쩔 수 없지.」

[しかたがない] 어쩔 수 없다

♦ 泣いても 仕方がない。 울어도 어쩔 수 없다.

[だめに なる] 못 쓰게 되다

♦ その 計画は だめに なった。
그 계획은 못 쓰게 되었다.

420 **1** 地震は <u>いつ</u> 来るか 分からないから 怖い。
지진은 언제 올지 모르기 때문에 무섭다.

[いつ/どこが/だれが/なぜ ～か]　＊〈의문사〉～か

♦ 夕べ、父が <u>何時に</u> 帰ったか 知りません。
어젯밤 아버지가 몇 시에 돌아오셨는지 모릅니다.

♦ この 機械の <u>どこが</u> 悪いか 今 調べて います。
이 기계의 어디가 나쁜지 지금 조사하고 있습니다.

문제

421 父は 毎晩、少し お酒を 飲んで 寝ます。

1 おこめ
2 おなべ
3 おつり
4 おさけ

422 A「いっしょに 行って くださいますか。」
B「ええ、_____ 。」

1 よろこんで
2 たのしんで
3 わすれないで
4 おかげさまで

423 祖父が 急に 死んだ _____ 知らせが あった。

1 そうな
2 という
3 ようの
4 の

정답

421 4 父は 毎晩、少し **お酒**を 飲んで 寝ます。
아버지는 매일 밤 술을 조금 마시고 잡니다.

| 晩 | バン : 晩 밤・今晩 오늘 밤・毎晩 매일 밤
| 酒 | さけ : お酒 ① 술 ② 일본술
| 米 | こめ : 米 쌀

422 1 A「いっしょに 行って くださいますか。」
　　B「ええ、**喜んで**。」
A「같이 가주시겠습니까?」 B「네, 기꺼이.」

よろこんで　◆ **喜んで** お手伝いします。
　　　　　　　　기쁜 마음으로 돕겠습니다.

おかげさまで　◆ A「お母様の 具合は いかがですか。」
　　　　　　　　B「**おかげさまで**、よくなりました。」
　　　　　　　　A「어머님의 몸 상태는 어떠십니까?」
　　　　　　　　B「덕분에 좋아졌습니다.」

423 2 祖父が 急に 死んだ **という** 知らせが あった。
할아버지가 갑자기 돌아가셨다는 소식이 있었다.

～というN　～라는 N

◆ 昨日、ふじ屋 **という** デパートに 行きました。
　어제 후지야라는 백화점에 갔습니다.

◆ 授業料が 高く なる **という** 話は、本当ですか。
　수업료가 오른다는 말은 사실입니까?

문제

4 일째 　제**4**주

424 <u>ならった</u> 後で 試験を 受けました。

1 習った
2 教った
3 学った
4 考った

문자

17 ☐☐☐

425 これは、ずいぶん _____ の 話です。

1 ひさしぶり
2 このあいだ
3 むかし
4 このごろ

어휘

17 ☐☐☐

426 ゆうべ、電気を _____ 寝て しまった。

1 つければ
2 つけて みて
3 つけて おき
4 つけた まま

문법

17 ☐☐☐

정답

424 **1** 習った 後で 試験を 受けました。
배운 다음에 시험을 쳤습니다.

| 習 | シュウ : 練習する 연습하다
予習する 예습하다
復習する 복습하다 · 習慣 습관 |

なら (-う) : 習う 배우다

| 験 | ケン : 試験 시험 · 経験する 경험하다 |

425 **3** これは、ずいぶん 昔の 話です。
이것은 상당히 옛날 이야기입니다.

| むかし | 昔 옛날 |
| ひさしぶり | ◆ 久しぶりに 田中さんに 会いました。
오랜만에 다나카 씨를 만났습니다. |

426 **4** ゆうべ、電気を つけた まま 寝て しまった。
어젯밤 전기를 켠 채로 잠들어 버렸다.

| ~まま | ~ 채 /~ 대로 |

◆ その ままで いいです。 그대로 좋습니다.

◆ その 人は、帽子を かぶった まま 部屋に 入って きた。
그 사람은 모자를 쓴 채 방에 들어왔다.

문제

4 일째　제 **4** 주

427 この 時代の 小説の 文章は 読みにくい。

1　じだい
2　じたい
3　しだい
4　じでい

문자

428 ＿＿＿＿＿ しないで めしあがって ください。

1　けっこう
2　えんりょ
3　そんけい
4　ていねい

어휘

429 辞書を ＿＿＿＿＿ 日本語の 本を 読みたい。

1　使わずで
2　使わずに
3　使って ないで
4　使わない ようで

문법

정답

427 **1** この **時代**の 小説の 文章は 読みにくい。
이 시대의 소설 문장은 읽기 어렵다.

문자

代	**ダイ** : 時代 시대・バス代 버스 요금
	か(-わる) : 代わりに 대신에
説	**セツ** : 説明する 설명하다・小説 소설
文	**ブン** : 文 글・作文 작문
	文章 문장　＊文字 문자

428 **2** **遠慮**しないで 召し上がって ください。
사양마시고 드십시오.

어휘

えんりょする	**遠慮する** 사양하다
そんけいする	**尊敬する** 존경하다
ていねいな	**丁寧な** 정중한

429 **2** 辞書を **使わずに** 日本語の 本を 読みたい。
사전을 사용하지 않고 일본어 책을 읽고 싶다.

문법

Vず(に)　＊Vないず　＊する → せず　（＝ Vないで）　（V 하지 않고）

◆ コンビニに 寄らず(に) まっすぐ 帰った。
편의점에 들리지 않고 곧바로 돌아갔다.

◆ 今日は、朝ご飯を 食べずに 学校へ 行った。
오늘은 아침 밥을 먹지 않고 학교에 갔다.

250

문제

4일째 제**4**주

430 <u>くらい</u> 空に 星が ひかって いる。

1 黒い
2 天い
3 夜い
4 暗い

19 ☐☐☐

431 _____ 日本語が 話せませんでした。

1 はじめは
2 はじめて
3 はじめに
4 はじまって

19 ☐☐☐

432 今日は 一日中 寒くて、_____。

1 冬だようです
2 冬だそうです
3 冬の ようでした
4 冬の みたいでした

19 ☐☐☐

정답

430 **4** <u>暗い</u> 空に 星が <u>光</u>って いる。
어두운 하늘에 별이 빛나고 있다.

문자

| 暗 | くら (-い) : 暗い 어둡다
| 空 | クウ : 空気 공기・空港 공항
| | そら : 空 하늘
| 光 | ひかり : 光 빛
| | ひか (-る) : 光る 빛나다

431 **1** <u>初めは</u> 日本語が 話せませんでした。
처음에는 일본어를 말할 수 없었습니다.

어휘

| はじめ | ◆ 初めは 처음은 (＝最初は)(최초는)
| はじめて | 처음으로
| | ◆ 日本に 来て 初めて 刺身を 食べた。
| | 일본에 와서 처음으로 생선회를 먹었다.
| はじめに | ◆ 始めに…、次に… 먼저 …, 다음으로 …

432 **3** 今日は 一日中 寒くて、<u>冬の ようでした</u>。
오늘은 하루 종일 추워서 겨울 같았습니다.

문법

| Nの ようだ | N みたいだ | N 처럼 / N 같이

◆ あの 人は 日本人の ように 上手に (日本語を) 話します。
저 사람은 일본인처럼 유창하게 (일본어를) 말합니다.

◆ あの 人の 話し方は、女 みたいです。
저 사람의 말투는 여성 같습니다.

◆ ゆめの ような 話 (＝ ゆめみたいな 話)
꿈과 같은 이야기

433 部長の となりに 座って いる 人は 奥さんです。

1 さわって
2 そわって
3 しわって
4 すわって

434 ＿＿＿＿＿ だめでしたか。残念です。

1 やっぱり
2 やっと
3 きっと
4 かならず

435 A「一郎、まだ 起きて いるかな。」
B「部屋の 電気が 消えて いるから、もう ＿＿＿＿＿ だよ。」

1 寝るそう　　2 寝たよう
3 寝そう　　　4 寝よう

정답

433 **4** 部長の となりに <u>座って</u> いる 人は 奥さんです。

부장님 곁에 앉아 있는 사람은 부인입니다.

문자

| 部 | ブ：部長 부장・全部 전부・学部 학부
部屋 방
| 座 | すわ(-る)：座る 앉다
| 奥 | おく：奥さん 부인

---

434 **1** <u>やっぱり</u> だめでしたか。残念です。

역시 안 되었습니까? 유감입니다.

어휘

| やっぱり | やはり | 역시
* 「やはり」는 약간 딱딱한 표현
| やっと | 겨우 / 드디어

◆ バスが やっと 来た。
버스가 드디어 왔다.

---

435 **2** A「一郎、まだ 起きて いるかな。」
B「部屋の 電気が 消えて いるから、もう <u>寝たよう</u>だよ。」

A「이치로, 아직 안 자나?」
B「방의 불이 꺼져 있으니 이미 자는 것 같아.」

문법

| ~ようだ | ~ 같다 (= ~みたいだ) *추측

◆ この 先で 事故が あった**ようだ**。 이 앞에서 사고가 있던 것 같다.
◆ 田中さんは、最近 疲れて いる**ようだ**ね。 다나카 씨는 최근 피곤한 것 같네요.

문제

436 主人は <u>野菜</u>しか 食べません。

1 やそい
2 やさい
3 やせい
4 やすい

437 _____ ください。この 病気は すぐに なおりますよ。

1 びっくりして
2 おどろいて
3 しんじないで
4 あんしんして

438 空が 明るく なって きた。もうすぐ 雨が _____。

1 やみそうだ
2 やむそうだ
3 やんでそうだ
4 やめそうだ

정답

436 2 <u>主人</u>は <u>野菜</u>しか <u>食</u>べません。
남편은 야채 밖에 먹지 않습니다.

主	シュ：主人 남편
野	ヤ：野菜 야채・野球 야구
菜	サイ：野菜 야채

문자

437 4 <u>安心して</u> ください。この <u>病気</u>は すぐに <u>治</u>りますよ。
안심해 주십시오. 이 병은 곧 낫습니다.

あんしんする	安心する 안심하다 ⇔ 心配する 걱정하다
びっくりする	놀라다 (= 驚く)
しんじる	信じる 믿다

어휘

438 1 <u>空</u>が <u>明</u>るく なって きた。もうすぐ <u>雨</u>が <u>やみそうだ</u>。
하늘이 밝아졌다. 곧 비가 멎을 것 같다.

| ～そう | ～ 같다 / ～ 보이다   *예상・상태 |

　　　*よい → よさそう、ない → なさそう

◆ <u>雨</u>が <u>降りそう</u>だ。 비가 올 것 같다.

◆ <u>おいしそう</u>。 맛있을 것 같다.

◆ その アイディアは <u>よさそう</u>ですね。
그 아이디어는 좋아보이네요.

문법

문제

439 どんな 作文を 書くか <u>かんがえて</u> います。

1 思えて
2 研えて
3 究えて
4 考えて

440 この 答えは 本当に _____ でしょうか。

1 ただしい
2 やさしい
3 あう
4 ちょうどいい

441 A「田中さん、明日は _____ ですよ。」
B「ああ、そう 言って いましたね。」

1 休みよう
2 休むそう
3 休みたい
4 休みそう

정답

439 **4** どんな 作文を 書くか 考えて います。
어떤 작문을 쓸지 생각하고 있습니다.

作	**サク** : 作文 작문
	つく (-る) : 作る 만들다
考	**かんが** (-える) : 考える 생각하다

440 **1** この 答えは 本当に 正しいでしょうか。
이 답은 정말로 맞을까요?

ただしい	正しい 옳다 / 바르다 / 맞다
やさしい	◆ 易しい 問題 쉬운 문제 ⇔ 難しい 어렵다
	◆ 優しい 人 상냥한 사람
あう	◆ 答えが 合う 답이 맞다

441 **2** A「田中さん、明日は 休むそうですよ。」
B「ああ、そう 言って いましたね。」 **OK** 休むらしい
A「다나카 씨가 내일은 쉰다고 하네요.」 B「아, 그렇게 말했었지요.」

| ~そうだ | ~라고 하다 *전문 |

◆ 今年の 冬は いつもの 年より 寒く なるそうです。
올해 겨울은 평년보다 춥다고 합니다.

◆ 田中さんは、元気だそうです。 다나카 씨는 건강하다고 합니다.

문제

5일째　제**4**주

442 <u>台所</u>で 料理を します。

1 たいところ
2 たいしょ
3 だいじょ
4 だいどころ

문자

443 急がないと 会議に ＿＿＿＿ よ。

1 おそくなります
2 おくれます
3 まてません
4 まにあいます

어휘

444 来年、父と 母が 日本に ＿＿＿＿。

1 来る ようだろう
2 来る かもしれない
3 来る みたいだろう
4 来る そうかもしれない

문법

정답

442 **4** <u>台所</u>で 料理を します。
부엌에서 요리를 합니다.

| 台 | **ダイ** : 台所 부엌・1台、2台、3台… 1대, 2대, 3대…
タイ : 台風 태풍
| 料 | **リョウ** : 料理 요리・食料品 식료품
| 理 | **リ** : 理由 이유・地理 지리

443 **2** 急がないと 会議に <u>遅れます</u>よ。 **OK** 間に合いません
서둘지 않으면 회의에 늦게 돼요.

おくれる
- 授業に 遅れる 수업에 지각하다
- 電車が 遅れる 전철이 지연되다

まにあう
- 電車に 間に合う 전철 시간에 대다

444 **2** 来年、父と 母が 日本に <u>来る かもしれない</u>。
내년에 아버지와 어머니가 일본에 올지 모른다.

~かもしれない ~지 모른다

- だれか 来たようだ。田中さん**かもしれない**。
  누군가 온 것 같다. 다나카 씨 일지 모른다.

- 来年、日本の 経済は もっと 悪く なる**かもしれない**。
  내년 일본 경제는 더 나빠질지 모른다.

445 フライパンを <u>ひ</u>に かけて、肉を やきます。

1 水
2 木
3 土
4 火

24 ☐☐☐

446 田中さん、_____ よく 遅刻 しますね。

1 さいきん
2 さっき
3 しばらく
4 こんど

24 ☐☐☐

447 A「あなた、今日も 遅くなるの?」
B「いや、早く 帰る _____ 。」

1 みたいだ
2 ようだ
3 つもりだ
4 らしい

24 ☐☐☐

정답

445 **4** フライパンを <u>火</u>に かけて、肉を やきます。

프라이팬을 불에 올려서 고기를 굽습니다.

火	カ：火曜日 화요일・火事 화재
	ひ：火 불
肉	ニク：肉 고기・牛肉 소고기・鳥肉 닭고기
	豚肉 돼지고기

문자

446 **1** 田中さん、<u>最近</u> よく 遅刻 しますね。

다나카 씨, 최근에 자주 지각하시네요.

さいきん	最近 최근
さっき	방금

 ◆ 父は **さっき** 出かけました。
　아버지는 방금 외출하였습니다.

어휘

447 **3** A「あなた、今日も 遅くなるの？」
　　　B「いや、早く 帰る**つもりだ**。」

A「당신, 오늘도 늦나요?」 B「아니, 일찍 돌아올 예정이야.」

V つもり	V 할 예정 / 생각

 ◆ 今日は 3時間 勉強する**つもり**です。
　오늘은 3시간 공부할 예정입니다.

 ◆ 買わない**つもり**でしたが、買って しまいました。
　사지 않을 생각이었으나 사고 말았습니다.

문법

문제

5일째 　제**4**주

448 子どもの ときは <u>体</u>が 弱かったです。

1 からだ
2 かだら
3 かなだ
4 かだな

문자

25 □□□

449 では、明日の 4時ごろ 事務所で ＿＿＿＿＿。

1 ごらんに なります
2 おいでに なります
3 おまちして います
4 いらっしゃいます

어휘

25 □□□

450 田中さんは、もう 大学を 出て 働いて いる ＿＿＿＿＿ だ。

1 つもり
2 らしい
3 かもしれない
4 はず

문법

25 □□□

정답

448 **1** 子供の ときは **体**が 弱かったです。
어릴 때에는 몸이 약했습니다.

|体| **からだ** : 体 몸 / 신체
|弱| **よわ** (-い) : 弱い 약하다 ⇔ 強い 강하다

449 **3** では、明日の 4 時ごろ 事務所で **お待ちして います**。
그러면 내일 4시경 사무소에서 기다리겠습니다.

おまちして います	「待って います」의 겸양어
ごらんに なります	「見ます」의 존경어
おいでに なります	「います」「来ます」「行きます」의 존경어
いらっしゃいます	「います」「来ます」「行きます」의 존경어

450 **4** 田中さんは、もう 大学を 出て 働いて いる **はず**だ。
다나카 씨는 이미 대학을 나와서 일하고 있을 것이다.

| **~はず** | ~할 것 / ~일 것

♦ 友だちは 1 時に **来る はず**です。
친구들은 1시에 올 것입니다.

♦ 田中さんは 元気な **はず**です。
다나카 씨는 건강할 것입니다.

문제

451 それと これは 同じ 場所の <u>写真</u>ですね。

1　しゃじん
2　しゃしん
3　ちゃしん
4　じゃしん

문자

26 □□□

452 動物を _____ いけません。

1　こわしては
2　しんでは
3　なくしては
4　いじめては

어휘

26 □□□

453 田中さんが そんな ことを _____。

1　言う はずが ない
2　言う つもりは ない
3　言う らしくない
4　言う ようでは ない

문법

26 □□□

정답

451 **2** それと これは 同じ 場所の **写真**ですね。
그것과 이것은 같은 장소의 사진이네요.

同	**おな** (-じ)：同じ 같다
写	**シャ**：写真 사진
	うつ (-す)：写す 베끼다
真	**シン**：写真 사진
	ま：真ん中 정중앙

452 **4** 動物を **いじめては** いけません。
동물을 괴롭혀서는 안됩니다.

いじめる	◆ 弟を **いじめる** 남동생을 괴롭히다
こわす	◆ おもちゃを **壊す** 장난감을 망가뜨리다
しぬ	**死ぬ** 죽다
なくす	잃다 / 잃어버리다　＊なくなる 없어지다

453 **1** 田中さんが そんな ことを **言う はずが ない**。
다나카 씨가 그런 것을 말할 리가 없다.

~はず（が／は）ない　~ 리가 없다 / 이유가 없다

◆ あの 人が こんなに 上手な 絵を 描く **はずが ない**。
저 사람이 이렇게 좋은 그림을 그릴 리가 없다.

◆ 子供が この 漢字を 読める **はずは ない**。
어린이가 이 한자를 읽을 리가 없다.

문제

454 この 和室の 雨戸は 古くて 重いので <u>しめる</u>のに 力が いります。

1 開める
2 引める
3 押める
4 閉める

455 _____ 寒く なって きましたね。

1 だいたい
2 ずいぶん
3 たいてい
4 きっと

456 毎日 子どもに、車に _____ 言って います。

1 気を つけるかと
2 気を つける ように
3 気を つけようと して
4 気を つける ようだと

정답

454 **4** この 和室の 雨戸は 古くて 重いので 閉めるのに 力が いります。

이 화실의 덧문은 오래되고 무거우므로 닫는 데에 힘이 듭니다.

문자

| 和 | ワ : 和室 화실・和菓子 화과자
　　　平和 평화
| 閉 | し (-まる/-める) : ～が 閉まる ～이 닫히다
　　　　　　　　　～を 閉める ～를 닫다
| 力 | ちから : 力 힘・力持ち 힘이 센 사람

455 **2** **ずいぶん** 寒くなって きましたね。

몹시 추워졌습니다.

어휘

| **ずいぶん** | 몹시 / 대단히
| **だいたい** | 대략 / 대체
| **たいてい** | 대개 / 대부분
| **きっと** | 꼭 / 반드시

◆ リンさんは **きっと** 合格するでしょう。
린 씨는 반드시 합격할 것입니다.

456 **2** 毎日 子供に、車に 気を 付ける ように 言って います。

매일 아이에게 자동차에 주의하도록 말하고 있습니다.

문법

| **V ように いう** | V 도록 말하다

◆ タバコは 外で 吸う ように 言われました。
담배는 밖에서 피우도록 말을 들었습니다.

◆ 夫に あまり お酒を 飲まない ように 言って います。
남편에게 술을 너무 마시지 말도록 말하고 있습니다.

문제

6 일째 | **제 4 주**

457 うちの 犬は 毎朝 新聞を <u>取って</u> 来て くれます。

1 もって
2 とって
3 つって
4 そって

문자

458 今日は、一日 _____、雨が ふって いました。

1 かん
2 ちゅう
3 くらい
4 じゅう

어휘

459 毎朝、コップ 1杯の 水を _____。

1 飲む ように して います
2 飲むだろうと 思います
3 飲もうと して います
4 飲む ことを 思います

문법

정답

457 **2** うちの 犬は 毎朝 新聞を <u>取って</u> 来て くれます。

우리집 개는 매일 아침 신문을 가져와 줍니다.

| 犬 | いぬ : 犬 개
| 取 | と (-る) : 取る 잡다 / 취하다・取り替える 대체하다

458 **4** 今日は、一日**中**、雨が 降って いました。

오늘은 하루 종일 비가 오고 있었습니다.

| ~中(じゅう) | ◆ 世界**中** 전 세계
| | ◆ 部屋**中** 방 전체
| ~中(ちゅう) | ◆ 午前**中** 오전 중
| | ◆ 仕事**中** 일하는 도중

459 **1** 毎朝、コップ 1杯の 水を <u>飲む ように して います</u>。

매일 아침 1컵의 물을 마시도록 하고 있습니다.

| V ように する | V 하도록 하다

◆ 電車に 傘を <u>忘れない ように して</u> ください。

전철에 우산을 잊어버리지 않도록 해 주십시오.

◆ 毎日 本を <u>読む ように して</u> います。

매일 책을 읽도록 하고 있습니다.

문제

460 その 真ん中の 黒い ボタンを <u>おして</u> ください。

1 押して
2 貸して
3 足して
4 出して

461 A「先日は、ありがとう ございました。」
B「_____ 。」

1 おかげさまで
2 こちらこそ
3 おきのどくに
4 ごめんください

462 毎日 練習して、だんだん _____ 。

1 話せるかもしれない
2 話せない はずが ない
3 話せる ように して きた
4 話せる ように なって きた

정답

460 **1** その 真ん中の 黒い ボタンを **押して** ください。
그 가장 중앙의 검은 버튼을 눌러 주십시오.

| 黒 | くろ : 黒 흑 / 검정
   くろ (-い) : 黒い 검다
| 押 | お (-す) : 押す 누르다 ⇔ 引く 당기다・押し入れ 벽장

461 **2** A「先日は、ありがとう ございました。」 B「**こちらこそ。**」
A「지난 번은 감사했습니다.」 B「저야말로.」

《인사 표현 등》

よろしくお願いします。 —**こちらこそ。**	잘 부탁합니다. - 저야말로.
みなさん、お元気ですか。 —**おかげさまで。**	여러분 건강하십니까? - 덕분에요.
おきのどくに	**お気の毒に** 딱하게도 / 가엾게도
ごめんください	실례합니다 / 미안합니다

462 **4** 毎日 練習して、だんだん **話せる ように なって きた**。
매일 연습하여 차츰 말할 수 있게 되었다.

| Vるように なる |　V 하게 되다

◆ 赤ちゃんは 1歳くらいで 歩く ように なる。
   아기는 한 살 정도에 걸을 수 있게 된다.

◆ このごろ 野菜を よく 食べる ように なりました。
   요즈음 야채를 자주 먹게 되었습니다.

문제

6일째 　제**4**주

463 一人じゃ 重いので、ちょっと 手を <u>貸して</u> ください。

　　1　かして
　　2　だして
　　3　たして
　　4　さして

문자

30 ☐☐☐

464 A「ごはん、まだ？」
　　B「あと ちょっとで _____ よ。」

　　1　うまい
　　2　やれる
　　3　できる
　　4　あがる

어휘

30 ☐☐☐

465 映画は 今 _____。

　　1　始まる ように なった
　　2　始まって いる ときだ
　　3　始まった ところだ
　　4　始まった ままだ

문법

30 ☐☐☐

정답

463 **1** 一人(ひとり)じゃ 重(おも)いので、ちょっと 手(て)を <u>貸(か)して</u> ください。
혼자서는 무거우니까 좀 도와주시기 바랍니다.

[重] おも (-い) : 重い 무겁다
[貸] か (-す) : 貸(か)す 빌려주다 ⇔ 借(か)りる 빌리다

문자

464 **3** A「ごはん、まだ？」
B「あと ちょっとで **できる**よ。」
A「밥, 아직?」 B「조금만 더있으면 돼요.」

어휘

[できる]
♦ ごはんが **できた**。 밥이 되었다.
♦ テストが **できた**。 시험을 잘 쳤다.
♦ 新(あたら)しい お店(みせ)が **できた**。 새로운 가게가 생겼다.

465 **3** 映画(えいが)は 今(いま) <u>始(はじ)まった ところだ</u>。
영화는 지금 막 시작했다.

[V ところ] 막 ~ 하다

♦ 今(いま) 帰(かえ)った **ところ**です。 지금 막 돌아왔습니다.
♦ 今(いま) 食事(しょくじ)を している **ところ**です。 지금 식사를 하고 있는 중입니다.
♦ これから お風呂(ふろ)に 入(はい)る **ところ**です。 지금부터 목욕하려는 참입니다.

문법

7 일째 　제 **4** 주

466 風邪で 学校を 休む。→ 418

1　ふぜ　　　　　2　かぜ

1 ☐☐☐

문자

467 たいふうで 天気が 悪いです。→ 442

1　大風　　　　　2　台風

2 ☐☐☐

468 田中さんが 亡くなったと 聞いて、すごく _____。
→ 437

1　びっくりした　　2　しんじない

1 ☐☐☐

어휘

469 _____ お湯を わかして ください。→ 431

1　はじめに　　　2　はじめて

2 ☐☐☐

470 _____ 赤ちゃんですね。→ 438

1　元気そうな　　2　元気だ そうな

1 ☐☐☐

문법

471 ここは、くつを _____ 上がって ください。→ 426

1　はいて まま　　2　はいた まま

2 ☐☐☐

문제

472 この 道は 今、<u>通れません</u>。→ 403

1 かよれません　　2 とおれません

3 ☐☐☐

473 ガスの <u>ひ</u>を 止めて ください。→ 445

1 水　　　　　　2 火

4 ☐☐☐

474 ＿＿＿＿ どこの 家にも テレビが あります。→ 455

1 まだ　　　　　2 たいてい

3 ☐☐☐

475 テレビの ニュースを 見て ＿＿＿＿、そのことを 知った。→ 431

1 はじめて　　　2 はじまって

4 ☐☐☐

476 漢字は 書かない ＿＿＿＿ おぼえられません。→ 381

1 と　　　　　　2 ば

3 ☐☐☐

477 書ける ところ ＿＿＿＿ 書いて ください。→ 405

1 だけ　　　　　2 ぐらい

4 ☐☐☐

앞 페이지 정답　466 2　467 2　468 1　469 1　470 1　471 2

7일째 　제**4**주

478 試合は どうでしたか。→ 409

1 しあい　　　　2 しごう

5 □□□

479 こころから そう 思います。→ 394

1 心　　　　　　2 頭

6 □□□

480 先生は まだ それを _____ いません。→ 449

1 ごらんに なって　2 はいけんして

5 □□□

481 旅行の 計画が _____ 残念です。→ 419

1 いやに なって　2 だめに なって

6 □□□

482 駅前の レストランは とても _____ です。→ 441

1 おいしそう　　　2 おいしいそう

5 □□□

483 間違った _____、消しゴムで 消しました。→ 414

1 ので　　　　　　2 のに

6 □□□

앞 페이지 정답　472 **2**　473 **2**　474 **2**　475 **1**　476 **1**　477 **1**

문제

484 この 料理の 味が 好きです。→ 385

1 あじ　　　　　2 だし

485 雨が ふって きた。→ 391

1 降って　　　　2 下って

486 友だちに 本を 貸して あげたら _____ に お菓子を くれた。→ 392

1 おいわい　　　2 おれい

487 この 荷物、いつ _____ か。→ 386

1 とどきました　　2 うごきました

488 田中さんは 女の人 _____ しゃべり方を する。→ 432

1 みたいな　　　2 ような

489 レポートは、来週の 金曜日 _____ 出して ください。→ 402

1 まで　　　　　2 までに

앞 페이지 정답　478 1　479 1　480 1　481 2　482 2　483 1

490 <u>文字</u>を もう少し 大きく しましょう。 →427

1　もじ　　　　　　2　ぶんじ

491 パスポートは <u>ひきだし</u>の 中です。 →388

1　引き出し　　　　2　押し出し

문자

492 私は、ある 先生を たいへん ＿＿＿＿ して います。 →428

1　そんけい　　　　2　えんりょ

493 長い 時間が かかったけれど、家が ＿＿＿＿ 完成した。 →434
（かんせい）

1　ずっと　　　　　2　やっと

어휘

494 できるだけ 野菜を 食べる ように ＿＿＿＿。 →459

1　して います　　　2　なって います

495 ひらがなも よく 読めないのに、漢字が 読める ＿＿＿＿。 →453

1　つもりが ない　　2　はずが ない

문법

앞 페이지 정답　484　1　485　1　486　2　487　1　488　1　489　2

문제

496 あの 男の 人は <u>ちから持ち</u>だ。
1　力　　　　　　2　刀

497 部長の <u>代わり</u>に 来ました。
1　かわり　　　　2　こわり

498 ＿＿＿＿＿ 田中さんから 電話が ありました。
1　しばらく　　　　2　ひさしぶりに

499 お金を 貸して あげるけど、＿＿＿＿＿ 返してね。
1　かならず　　　　2　やっぱり

500 田中先生、この 本を ＿＿＿＿＿ か。
1　お読み しました　　2　お読みに なりました

앞 페이지 정답　490　1　491　1　492　1　493　2　494　1　495　2

자 료

- 한자 목록
- 품사별 어휘 목록
- 문형·문법 항목 목록

앞 페이지 정답 496 1 497 1 498 2 499 1 500 2

한자 목록

◆ 「정답」페이지의 □에 소개된 한자를 총획수 별로 나타내고 있습니다.

◆ 숫자는 문제 번호입니다.

1획		**4획**		心	394	民	308	安	284
一	49			止	406	世	332	色	317
		今	7	文	427	仕	338	早	329
2획		日	13	火	445	広	382	池	335
人	1	手	19	犬	457	用	397	全	335
十	22	父	19			代	427	死	335
七	25	分	22	**5획**		主	436	字	385
入	70, 201	中	37	四	7	台	442	合	409
二	126	午	40	本	10	写	451	米	421
八	144	月	46	母	28			光	430
九	207	友	49	生	31	**6획**		考	439
力	454	五	55	田	37	会	4	肉	445
		切	64	半	64	年	10	同	451
3획		円	135	兄	70	休	13		
口	1	元	138	去	70	先	31	**7획**	
上	19	六	141	号	76	回	49	町	1
子	58	少	147	出	144	名	67	社	4
大	64	木	147	目	159	有	67	来	10
女	67	水	201	白	165	行	73	車	43
万	135	方	272	立	174	地	79	花	46
千	141	天	293	古	186	自	129	見	46
下	147	区	302	冬	195	毎	132	私	58
川	153	内	314	右	210	気	138	図	79
小	168	太	317	左	210	百	141	弟	88
山	195	不	323	外	254	多	186	何	126
三	260	牛	326	正	275	耳	201	男	150
夕	272	引	388	北	305	好	251	足	150
土	278			市	308	西	260	赤	159

282

문자

8획
- 学 31
- 明 37
- 雨 40
- 妹 58
- 英 61
- 歩 73
- 林 73
- 国 82
- 使 135
- 姉 138
- 長 150
- 店 171
- 所 174
- 門 174
- 物 180

走 162
言 165
声 177
住 192
以 254
近 284
利 311
医 320
村 323
究 376
低 394
別 400
売 415
作 439
体 448

9획
- 屋 34
- 前 34
- 後 40
- 海 153
- 度 177
- 建 186
- 昼 189
- 洋 204
- 映 251
- 計 257
- 持 263
- 洗 263

京 183
東 192
事 197
服 204
金 207
夜 207
画 251
知 269
府 299
者 302
始 314
味 338
注 385
空 418
和 430
取 454
押 457
460

10획
- 員 4
- 時 7
- 勉 16
- 起 25
- 高 43
- 帰 55
- 校 55
- 書 76
- 借 85
- 家 144

食 266
県 269
思 275
品 284
首 290
急 296
音 296
南 302
茶 305
待 305
秋 308, 409
便 311
乗 329
発 329
界 332
研 376
室 382
送 388
風 418
重 463

11획
- 強 16
- 週 82
- 動 129
- 魚 153
- 族 156
- 鳥 168
- 都 183
- 進 257
- 産 266
- 悪 281
- 問 293
- 終 320
- 黄 397
- 転 412
- 習 415
- 部 433

夏 156
旅 156
紙 287
病 299
院 299
特 379
降 397
通 403
酒 421
座 433
料 442
弱 448
真 451

12획
- 朝 25
- 番 76
- 間 162
- 飲 180
- 買 180
- 飯 189
- 道 197, 210
- 着 204
- 短 213
- 開 254
- 森 269
- 暑 272
- 寒 326
- 集 338
- 軽 394
- 答 400
- 場 406
- 運 418
- 晩 421
- 奥 433
- 貸 463

野 436
菜 436
理 442
閉 454
黒 460

13획
- 電 28
- 話 28

新	52	**18획**	
働	88	曜	13
楽	213	顔	263
業	281	題	400
教	287	験	424
遠	323		
意	379		
漢	385		
鉄	397		
試	409		
寝	412		
暗	430		

14획
語	16
駅	22
聞	52
読	52
歌	61
銀	132
説	427

15획
質	320

16획
館	85
親	171
頭	290
薬	403

17획
濯	278

품사별 어휘 목록

◆ 「정답」 페이지에 소개된 어휘를 품사별로 나타내고 있습니다.
◆ 숫자는 문제 번호입니다.

동사

あう	440	おとす	291	さげる	71
あける	2	おどる	187	さす	68
あそぶ	139	おどろく	330	さわぐ	291
あびる	306	おぼえる	267	さわる	169
あまる	407	おもう	258, 267	しつもんする	208
あんしんする	437	おりる	71, 133	しぬ	452
あんないする	211	おれる	205	しらせる	258
いじめる	452	かえる	20	しらべる	273
いそぐ	65	かかる	50	しんじる	437
いれかえる	172	かける	145	すう	163
いれる	56, 202	かざる	193	すぎる	50
うえる	193	かす	8	すく	5
うかがう	315	かたづける	181	すてる	401
うごく	20, 386	かぶる	145	すわる	169
うたう	187	かよう	80	せんたくする	181
うつす	288, 327	かわく	5	そだてる	276
うまれる	264	かわる	386	そんけいする	428
えんりょする	428	かんがえる	258	だす	202
おきる	35, 157	きえる	142	たてる	398
おく	303	きがえる	172	たのしむ	282
おくりにいく	339	きる	193	だめに なる	419
おくれる	443	くらべる	276	たりる	407
おこす	35	けす	142	チェック	285
おす	2	こまる	330	つかまる	312
おちる	44	こわす	452	つく	20
おっしゃる	315, 410	こわれる	205	つくる	187
		さがす	321	つける	2, 145, 303
		さがる	71	つとめる	80

문자

어휘

つもる	11	ひっこす	264	わすれる	267
つれていく	339	ひらく	2	わたる	133
でかける	32	ひろう	401	わる	169
できる	398, 464	ふえる	386	われる	327
でる	20, 32	ふく	163, 178		
とどく	386	ふくしゅうする	208		

イ形容詞

とぶ	139	ふむ	205	あさい	184
とまる	157, 395	ふる	44	あたたかい	47
なくす	452	まいる	410	あつい	38
なくなる	333	まがる	318	あまい	300
ならう	214, 258	まちあわせる	333	いそがしい	65
ならす	214	まちがえる	276	うすい	38
ならぶ	214	まにあう	443	うるさい	41
ならべる	214	まわる	169, 318	おそい	151
なる	291	みがく	181	おもい	62
なれる	297	みせる	202	おもしろい	65
にげる	205, 312	みつかる	321	かたい	62
にている	276	みつける	398	からい	300
ぬすむ	312	むかえにいく	339	きびしい	336
ぬる	288	め が さめる	157	きもちわるい	270
ぬれる	5, 297	めしあがる	410	こい	38
のこる	407	もうす	315	さびしい	270
のぼる	133	もっていく	339	しかたがない	419
はいけんする	315	やくにたつ	279	すくない	83
はいる	56	やすむ	282, 395	すずしい	47
はきかえる	172	やせる	330, 395	せまい	83
はく	68, 163	やめる	395	たかい	77
はしる	139	やる	398	ただしい	440
はらう	401	れんしゅうする	208	つまらない	11
はる	303	わかる	267	つめたい	47
ひく	178, 273	わかれる	333	とおい	151
びっくりする	437	わく	306		

ながい	77	さっき	389, 446	クリーニング	53
にがい	300	ずいぶん	455	けいかく	416
はずかしい	270	ずっと	404	けが	175
ふかい	184	だいたい	455	ここのか	154
ふとい	77	たいてい	455	こちら	261
ほそい	77	ちょっと	83	ごはん	127
まずい	14	どう	377	さかなや	190
めずらしい	336	どうやって	377	さかや	190
やさしい	440	はじめて	431	(お)さけ	255
やすい	14	はじめに	431	したく	211
よわい	86	もうすぐ	389	～じゅう	458
わかい	336	やっと	434	じゅんび	416
		やっぱり	434	せんざい	53
		やはり	434	せんたく	53
		ゆっくり	65	センチ	196
		よく	89, 380	～ちゅう	458

ナ형용사

あんぜんな	184
いやな	59
きらいな	14
ざんねんな	413
じょうぶな	86
だいじょうぶな	86
たいせつな	279
ていねいな	428
にぎやかな	41
まじめな	279
むりな	59

부사

かならず	404
きっと	455
これから	389
さいきん	446

명사

(メール)アドレス	136
いろ	324
(お)いわい	392
エアコン	26
かぜ	175
かぞく	74
かたち	324
かんけい	211
きぶん	166
きもち	166
きょうだい	74
キロ	196
グラム	196

ついたち	154
つごう	294
(お)としより	130
どちら	261
どなた	261
におい	324
にほんしゅ	255
ねだん	324
ノート	285
ばあい	294
パソコン	26
はじめ	431
はたち	17
ひさしぶり	425
びょうき	175
(お)べんとう	127

（お）みまい	392	いってきます	29		383
（お）みやげ	127	いってらっしゃい	29		
むかし	425	いらっしゃいます	449		
メートル	196	おいでに なります	449		
メール	136	おかえりなさい	29		
メモ	285	おかげさまで			
やおや	190		199, 422, 461		
やくそく	294	おきのどくに	461		
ようか	154	おねがいします	148		
よっか	154	おまちして います	449		
よてい	211, 416	おやすみなさい	199		
よやく	416	けっこうです	252		
リモコン	26	こちらこそ	461		
りょこう	175	ごめんください	461		
（お）れい	392	ごらんに なります	449		
レポート	285	しつれいですが、…	383		
		すみませんが、…	383		

회화표현 등

		ただいま	29	
		どうぞ	148	
ああ	23	よかったですね	309	
あの（う）	23	よろこんで	422	
いけない	413	わるいけ（れ）ど、…		

문형·문법 항목 목록

◆ 「정답」페이지에 소개하고 있는 문형이나 문법 항목을 あいうえお순으로 나타내고 있습니다.

◆ 숫자는 문제 번호입니다.

あ

あげる	45
あんな	158
あ（ん）まり〜ない	90
いたす	396
いつ〜か	420
おＶいたす	390
おＶする／いたす	390
おＶになる	390
Ｖおわる	259

か

〜が	408
〜か（〜か）	15
N₂ か N₂（か）	280
Ｖかた	167
〜かどうか	340
〜かもしれない	444
から	75
〜からです	209
N₁ から N₂ まで	12
きける	66
きこえる	66
Ａくて	30
Ｎぐらい	128, 405
くれる	45
〜こと	212
こんな	158
こんなに	161

さ

〜さ	170
Ｖさせてください	331
Ｖさせられる	328
Ｖさせる	325
Ｎしか…ない	128
〜し、（〜し）	411
しっている	39
Ｎじゃなくてもいい	289
Ｎじゃなくてもかまわない	289
〜すぎる	262
ずっと	143
Ｖず（に）	429
〜する	173
〜そう	438
〜そうだ	441
そんな	158
そんなに	161

た

Ｖたあと（で）	200
Ｖたい	69
Ｎだけ	128, 405
Ｖたことがある	334

어휘

문법

Vたことがない	334	Vてくださいませんか	384, 399
Vだす	256	Vてくださる	185
Vたとき	197	Vてくる	313
Vたほうがいい	295	Vてさしあげる	185
〜ために	203	Vてしまった	304
〜ため（に）	206	〜でしょう	72
〜たら	378	Vて（すぐに）	81
Vたりする	265	Vてはいけない	301
V_1たりV_2たりする	252	Vてみる	316
だれか	18	Nでも	140
だれが〜か	420	Vてもいい	292
だれでも	18	Nでもいい	289
だれも〜ない	18	Vてもかまわない	292
〜だろう	72	Nでもかまわない	289
Vちゃいけない	301	Vてもらう	179
Vちゃった	304	Vてもらえませんか	399
Vつづける	268	Vてやる	179
〜っていう	191	Nと	6
Vつもり	447	〜という	191
〜て	78	〜というN	423
〜で	78	〜ということ	337
Nで	3, 286	Nと（いっしょに）	6
Naで	30	どう	21
Vてあげる	179	どうやって	21
Vてある	310	〜とおもう	188
Vていく	313, 319	N_1とかN_2（とか）	283
Vていただく	185	どこが〜か	420
Vていただけませんか	384, 399	Vところ	465
Vています	42	N_1とN_2とN_3でどれが〜	149
Vている	48	N_1とN_2とどちら（のほうが）〜	149
Vておく	307	どんな	158
Vてから	81		

な

V ない？	54
V ないことがある	334
V ないで	84
V ないと	381
V ないといけない	298
V ないほうがいい	295
V_1 ながら V_2	87
V なくてはいけない	298
V なくてもいい	292
V なくてもかまわない	292
V なければならない	298
V なさい	60, 215
なさる	396
なぜ	21
なぜ～か	420
なにも～ない	90
～なら	378
～なる	173
なんでも	90
V にいく	131
V にかえる	131
V にくい	271
V にくる	131
～の	33
N_1 の～ N_2	36
～ので	414, 423
～のに	417
V のは～	176
N のようだ	432

は

～ば	378
N_1 は N_2 が～	274
N ばかり	137, 405
V はじめる	259
～はず	451
～はずがない	453
～はずない	453
～はずはない	453
N_1 は N_2 とおなじくらい～	146
N_1 は N_2 ほど～ない	152
～ほう	143
N ほど	405

ま

V ませんか	54
V ましょう	57
V ましょうか	57
V ます	42
まだ～	155
N まで	402
N までに	402
～まま	426
N みたいだ	432
N も	277
もう～	155
N_1 も～し、N_2 も～	411
N_1 も N_2 も	280
もらう	45

や

V やすい	271

N₁ や N₂（など）	283
V よう	60
〜ようだ	435
V ようとおもう	188
V ようにいう	456
V ようにする	459
V ようになる	462
N₁ より N₂ のほうが〜	146

ら

V られる	63, 322, 387
V ることがある	334
V ると	381
V るとき	197
V るまえ（に）	200

わ

N を	9
〜んです	134

EJU 수험생 필독서 「일본유학시험(EJU) 일본어단어·어휘10000어」

온라인 테스트 10,000문제 제공!

일본 유명 진학 학원 메코시코주쿠 편저

국내 유일의 EJU 단어집

12년분 EJU 출제 단어 빈도순 수록

▶일본어 학습자를 위한 궁극의 단어집!

▶EJU 중요 키워드 수록!

▶음성 녹음 파일로 생생한 일본어 학습 가능!

▶본시험에 가까운 예문 수록!

▶단어 암기용 셀로판지 포함!

(주)해외교육사업단 발행 | 536페이지 | 정가 20,000원

[실제 구매 고객 후기]

"책이 크지 않지만 내용은 참 알차네요. 그리고 정리가 참 잘되어 있어서 전반적으로 정리할 수있어서 시험이 아니라 일본어 공부에 도움이 많이 되네요^^"

"일본어를 안쓰다보니 실력이 많이 녹슬었는데 덕을 많이 봤습니다."

"일본유학시험 준비에 유용해요!"

출판사 홈페이지
www.hedgroup.co.kr

EJU는 물론
JLPT, 대학 독자 시험까지!

유명입시학원 메코시코주쿠에서
노하우를 담아 만든 일본어 문법 교재!

일본유학시험
일본어문법과 표현

기초에서 초일류 대학 입시 레벨까지!

글로벌 인재육성, 1984년설립
(주)해외교육사업단

EJU 일본어 문법, 기초부터 착실하게!
국문법과 일본어교육문법 병용
일목요연한 시각적 편집
쉬운 예문에서 기출문제까지
보충해설로 상세한 설명
무료 음성파일 제공
일러스트로 시각적 이해력 UP
1,200개 이상의 확인테스트 제공

일본어문법과 표현으로
EJU 완벽대비!
일본어 문법 완벽 마스터해서
EJU 및 대학 독자 시험 고득점 하자!

유명 서점 절찬 판매중!

일본 유학은 HED 와 상담하세요.

1984 년부터 많은 스토리를 만들어 왔습니다.
각 분야의 전문 사이트 참조

한국유학개발원
www.hed.co.kr

일본대학교정보센터
www.univ-hed.co.kr

일본대학원정보센터
www.grad-hed.co.kr

일본전문학교정보센터
www.prof-hed.co.kr

일본중고등학교정보센터
www.high-hed.co.kr

홈스테이인재팬
www.homestay-in-japan.co.kr

〈 기타 개별 학교 사이트 〉

□ 동경외어전문학교 : www.tflc.co.kr
□ 관서외어전문학교 : www.kansaicollege.co.kr
□ 인터컬트일본어학교 : www.inter-cult.co.kr
□ 아크아카데미어학교 : www.arc-korea.co.kr
□ 중앙공학교부속어학교 : www.chuojalan.co.kr
□ 메이케이학원고등학교 : www.meikeiheigh.co.kr
□ 쇼린고등학교 : www.shorinhigh.co.kr
□ 센다이이쿠에이고 : www.sendai-high.co.kr
□ 오사카 건국고등학교 : www.keongkuk.co.kr
□ 코리아국제고등학교 : www.kiskorea.co.kr

〈 문의 / 접수 〉 HED 한국유학개발원 / 전화 : 02-552-1010 / 이메일 : hedc@hed.co.kr
주소 : 서울특별시 서초구 강남대로 381, 두산빌딩 709 호 (강남역 6 번 , 7 번 출구 사이)

필승합격 일본어능력시험

문자 · 어휘 · 문법 500 문 N4-N5

초판발행일 : 2022년 03월 25일(1쇄)

저　　　자 : 마쓰모토 노리코 · 사사키 히토코

발　행　인 : 송 부 영

발　행　처 : (주)해외교육사업단

출 판 등 록 : 제16-1456호

주　　　소 : 서울특별시 서초구 강남대로 381, (두산709호)

전　　　화 : 02-736-1010

이　메　일 : song@hed.co.kr

홈 페 이 지 : www.hedgroup.co.kr

*본사에서는 소중한 원고, 새로운 기획의 제안을 기다리고 있습니다.
*이 책은 저작권법에 의해 보호를 받는 저작물이므로 무단 전재와 복제를 금합니다.
*잘못된 책은 구입하신 서점이나 본사에서 교환해드립니다.

ⒸNoriko Matsumoto, Hitoko Sasaki 2015

Originally Published in Japan by ASK Publishing Co., Ltd., Tokyo